금지된 사랑

FORBIDDEN LOVE

금지된 사랑

불륜에 대한 법원의 태도

최한겨레 지음

승소

필자의 아버지께서는 "여성의 해방이 곧 남성의 해방이다."라고 말씀하셨다. 처음에는 우스갯소리로 들렸지만 곰곰이 생각해 보니 정말 맞는 말이었다. 여성이 밖에서 돈을 버는 사회가 오면 남성이 회사 생활하다 스트레스받아서 사망하는 일이 줄어들 것이고, 여성이 운전대를 잡는 시대가 오면 남성 운전자 사망률이 줄어들 것이며, 여성이 정치를 하는 시대가 오면 남성들이 재판받는 비율이 줄어들 것이다. 아버지의 말씀 때문이었을까, 아버지의 아들들은 잘나가는 배우자를 만나서 편하고 행복하게 살고 있다.

개업 변호사가 된 후 이혼 사건을 많이 접했다. 형사사건도 돈이 되지만 이혼 사건도 마찬가지였다. 배우자의 외도로 인해 이혼을 하고자 하는 사람도 많았지만 성격 차이로 인해 이혼을 하겠다는 사람이 더 많았다. 그러다가 상간자를 상대로 제기하는 위자료 청구 사건을 접하게 되었고, 이혼을 하지 않으면서 배우자와 불륜을 저지른 상간자에게만 위자료를 청구하는 사람들이 많다는 것을 알게 되었다. 외도를 한 배우자와 이혼을 하지 못하는 이유는 어린아이들이 있다거나 사회적 시선 때문에, 아니면 나 역시 바람을 피우고 있다는 등의 여러 가지 이유가 있었다.

상간자 위자료 사건을 수행하면서 놀란 것이 몇 가지 있었다. 첫 번째는 '아내도 바람을 피운다.'라는 것이었다. 나는 '바람', '불륜', '외도'는 남편만 저지르는 것으로 알고 있었고 그리 생각했다. 아마 미디어의 영향이었을 것이다. 미디어를 소비하는 분들을 생각해 보면, 가사 또는 이혼과 관련된 내용은 여성들이 보는 경우가 많으니, '남편의 불륜'이라고 가야 스토리가 잘 꾸려지고 시청률도 높아진다. 그러나 바람은 남자만의 전유물이 아니었다.

두 번째는 '아내가 미혼 남성과 바람을 피운다.'라는 것이다. 예전에는 '기혼 남성'이 '미혼 여성'과 피우는 것이 바람이고 불륜이라고 생각했다. 그러나 시대가 많이 바뀌었다. '기혼 여성'이 '기혼 남성'도 아닌 '미혼 남성'과도 불륜을 저지르고 있었다. 필자의 아버지의 말씀처럼 여성해방의 시대가 오고 있는 것이다.

세 번째는 '불륜은 여러 가지 형태가 있다.'라는 것이다. '기혼 남성'이 '미혼 여성'과 불륜을 저지르는 형태는 역사가 깊고 전통이 있는 불륜의 형태다. 그러다가 '기혼 남성'이 '기혼 여성'과 불륜을 저지르는 경우가 나타났고, 이제는 '기혼 여성'이 '미혼 남성'과 불륜을 저지르는 현대적인 형태가 나타났다. 나아가 '기혼 남성'이 '남성'과 부정행위를 하는 경우, 또는 '기혼 여성'이 '여성'과 부정행위를 하는 등의 굉장히 새로운 불륜의 형태도 나타났다.

여러 형태의 불륜 사건 중 공통점이 있었는데, 그것은 바로 우리 사회는 피고의 위치에 있는 상간녀에게만 지나친 비난을 퍼붓는다는 것이었다. 아직까지 남성중심주의 사회를 벗어나지 못한 것으로 보인다.

예를 들어 '기혼 남성'이 '미혼 여성'과 불륜을 저지른 경우에, '기혼 남성'의 아내가 원고가 되고 '미혼 여성'이 피고가 된다. 이 경우 제일 잘못한 사람은 아내를 배신한 '기혼 남성'이다. 그러나 우리 사회는 그 '미혼 여성'에게 더 큰 비난을 퍼붓는다. 미혼 여성이 아내가 있는 남자를 유혹했다는 이유에서다. 그러나 알고 보면, 아내가 있는 남자가 미혼 여성에게 "곧 이혼할 거다.", "네가 나의 진정한 사랑이다.", "배우자와는 이미 졸혼했다. 각방 쓴다."라는 등의 유혹을 하고 어리석은 미혼 여성이 넘어가는 경우가 더 많다.

대부분의 변호사들이 가해자인 피고 편에 잘 서지 않는다. 사건을 맡지 않으려는 분들도 많다. 그러나 필자는 〈상간자 피고 소송 전문〉이라고 글도 쓰고 영상도 찍는다. 변호사가 반드시 필요한 사람은 원고가 아니라 피고다. 억울한 경우가 많이 있다. 그렇기에 필자는 피고에게도 공을 들이고 있다. 물론 사건의 비중은 원고 소송이 더 많다. 그 이유는 소장을 받은 피고는 변호사를 선임하지 않는 경우가 많고, 어차피 상간자로 인정되는 거 더 저렴한 변호사를 찾아가겠다고 생각하기 때문이다.

이 책은 필자가 다루었던 상간자 위자료 청구 사건 중 기억에 남는 사건 100개를 골라 조금 각색한 것이다. 결혼을 하신 분들이 읽으신다면 더 좋을 것이다. 행복한 부부 생활을 하고 계시다면 가볍게 읽고 웃고 넘기시는 것이 좋다. 그리고 '내가 이런 피해자(또는 가해자)가 되지 않도록 어떻게 노력해야 할 것인가?'라고 고민해 보는 시간을 가지는 것도 좋다.

미국의 유명한 철학자인 리처드 테일러는 "파탄 난 결혼 생활이 불륜을 가져온다"고 했다. 불륜은 실패한 결혼의 징후라는 것이다. 부디 그렇게 되지 않도록 여러 가지 케이스를 적었으니 여러분들의 결혼 생활에 참고가 되길 바란다.

2023. 11. 12.

최한겨레 씀

010—3399—1334

choe@chgreat.co.kr

| 목차 |

합의서

부부(영희♡철수)는 결혼 5년 차이며, 해외에 거주 중입니다. 아내 영희(31)는 남편 철수(32)와 부정행위를 저지른 상간자 순희(29, 미혼)를 상대로 위자료 5천만 원을 청구하는 소송을 제기합니다.

아내 영희의 입장

부부는 해외에서 함께 매장을 운영하며 생활하고 있었습니다. 부부가 운영하는 매장에서 순희가 일을 하고 있었습니다. 어느 날 남편의 컴퓨터에서 순희와 다정하게 찍은 사진을 발견합니다. 영희가 귀국했을 때 남편과 순희가 함께 여행을 다닌 사실도 확인됩니다. 순희를 찾아가 추궁하였고 철수와의 부정행위를 인정합니다. 순희는 영희에게 합의금으로 5천만 원을 지급하기로 하는 합의서와 부정행위를 인정하는 각서를 작성합니다. 하지만 순희는 합의금을 지급하지 않습니다.

상간자 순희의 입장

합의서는 영희의 공갈, 협박, 폭행, 강요를 이기지 못해 작성한 것에 불과하며 지급 의무가 존재하지 않습니다. 영희를 경찰에 고소하지만, 영희가 해외에 있어서 기소는 중지됩니다.

법원의 판단

재판 중에 영희는 화해권고결정 신청을 합니다. 영희는 상간자 소송을 취하할 테니 순희가 고소한 사건을 취소해 달라고 합니다. 영희의 요청으로 화해권고결정이 나옵니다. 「영희는 이 사건 **소를 취하**하고, 순희는 영희를 공갈 등으로 고소한 사건에 관하여 순희에 대한 **고소를 취소**한다.」

⚖️ **최한겨레 변호사 Tip**

1. 민법 제104조

   당사자의 궁박, 경솔 또는 무경험으로 인하여 현저하게 공정을 잃은 법률행위는 무효로 합니다.

2. 화해권고결정

   법원 수명법관 또는 수탁판사는 소송에 계속 중인 사건에 대하여 직권으로 당사자의 이익, 그 밖의 모든 사정을 참작하여 청구의 취지에 어긋나지 아니하는 범위 안에서 사건의 공평한 해결을 위한 화해권고결정을 할 수 있습니다. (민사소송법 225조)

   화해권고결정문을 송달받은 날로부터 2주 안에 이의를 신청하지 아니하면 화해권고결정이 재판상 화해와 같은 효력을 가지게 됩니다.

3. 합의서 작성에도 변호인의 조력이 필요합니다.

4. 해외 거주자도 상간자 소송이 가능합니다.

5. 상간자 소송을 진행하는 것이 유리한지 사실상 소송의 실익이 없어 소송을 하지 않는 것이 나은지는 고민해야 합니다.

6. 상대방이 우리나라에 재산이 있거나, 주된 삶의 근거지가 국내일 때

또는 판결을 통해 상간자의 부정행위를 문서로 영원히 남기고 싶다면 상간자 소송을 하는 것이 맞습니다. 상대방이 한국에 재산이 없더라도 '채무불이행자명부등재 신청'을 통해 상대방은 국내에서 금융거래가 불가한 신용불량자가 될 수 있습니다. 상간자의 국적과 관계없이 국내에 재산이 있다면 상간자 소송이 가능합니다. 상간자가 외국 국적을 가지고 있고 재산 역시 해외에 있다면 우리나라 법원의 집행력이 미치지 않기 때문에 상간자 소송은 사실상 실익이 없습니다. 해외에 거주하는 경우 상간자 소송을 진행하면 우리나라 법원에는 소송대리인인 변호사가 대리하여 진행하므로 법원에 직접 출석할 필요가 없습니다.

사례 2 망인의 불륜

부부(영희♡철수)는 결혼 31년 차에 사별합니다. 아내 영희(58)는 남편 철수(망인)와 부정행위를 저지른 상간자 순희(57), 순자(60)에게 위자료 각 3천만 100원을 청구하는 소송을 제기합니다.

아내 영희의 입장

남편의 갑작스러운 사망으로 장례 절차를 모두 마친 뒤 유품을 정리하게 되었는데, 남편의 휴대전화를 열어 보고는 당황스러움을 금할 수 없었습니다. 남편이 살아 있을 때 순희와의 부정행위가 발각되었고, 남편과 순희는 부정행위를 하지 않겠다는 각서를 썼고, 영희는 용서해 줍니다. 하지만 남편이 죽고서야 부정행위를 계속했다는 사실을 알게 됩니다. 산악회에서 만난 순자와는 남편이 사망하기 전까지 애정 표현을 하는 문자메시지를 주고받았다는 사실에 큰 충격을 받습니다.

상간자 순희의 입장

향우회에서 만난 철수와는 친구 사이이며, 철수와 부정행위를 한 적이 없습니다. 영희가 제출한 부정행위의 증거는 친구 사이에 있을 수 있는 대화에 불과하며 부정행위 증거 중에는 소멸시효가 지난 것도 있습니다.

상간자 순자의 입장

산악회 모임에 나갔다가 철수를 처음 만났습니다. 철수에게 배우자가 없는 줄 알고 연락하며 지낸 사실은 인정합니다. 철수가 유부남이라는 사실을 알게 된 후에는 관계를 정리하였습니다.

법원의 판단

1심 판결에서 영희에게 순희는 위자료 1,500만 원, 순자는 위자료 1천만 원을 지급하라고 합니다. 상간자들(순희, 순자)은 철수가 유부남임을 알면서도 연인 관계로 지내며 애정 표현을 포함한 연락을 주고받고 만남을 지속하는 등 부적절한 관계를 유지한 것으로 보인다고 합니다. 영희, 순희, 순자는 1심 판결에 불복하여 항소합니다. 항소심에서 조정을 갈음하는 결정이 나옵니다.

「영희에게 **순희는 위자료 1,500만 원, 순자는 위자료 1,050만 원**을 지급하라.」

⚖ 최한겨레 변호사 Tip

1. 부정행위에도 소멸시효가 있나요?

   민법 제766조 제1항은 불법행위로 인한 손해배상 청구의 단기 소멸시효를 규정하고 있습니다. 구체적으로 불법행위로 인한 손해배상의 청구권은 피해자나 그 법정대리인이 그 손해 및 가해자를 안 날로부터 3년간 이를 행사하지 않을 경우 시효로 인하여 소멸합니다.

2. 대법원 2002. 6. 28. 선고 2000다222249 판결

불법행위로 인한 손해배상청구권의 단기 소멸시효의 기산점이 되는 민법 제766조 제1항의 '손해 및 가해자를 안 날'이라 함은 손해의 발생, 위법한 가해행위의 존재, 가해행위와 손해의 발생과의 사이에 상당인과관계가 있다는 사실 등 불법행위의 요건 사실에 대하여 현실적이고 구체적으로 인식하였을 때를 의미한다고 할 것이고, 피해자 등이 언제 불법행위의 요건 사실을 현실적이고도 구체적으로 인식한 것으로 볼 것인지는 개별적 사건에 있어서의 여러 객관적 사정을 참작하고 손해배상청구가 사실상 가능하게 된 상황을 고려하여 합리적으로 인정하여야 한다.

3. 부정행위를 저지른 배우자가 사망해도 상간자에게 위자료 청구소송 가능합니다.

4. 영희가 상간자들에게 위자료 30,000,100원을 청구한 이유는?

소송 목적의 값(소가)이 3,000만 원 이하면 소액사건으로 분류되어 소액사건 재판부에서 소송이 진행되고 소가 3,000만 원 초과~5억 원 이하면 단독 사건으로 분류되어 단독 사건 재판부에서 소송을 진행합니다. 소액사건은 판결을 선고할 때 결론만 적고 판결 이유를 생략할 수 있습니다. (소액사건심판법 제11조 2의 3항) 단독 사건 판결문에는 판결 이유를 생략할 수 없기에 편법으로 100원을 더해서 소송을 진행하는 경우가 있습니다.

5. 조정을 갈음하는 결정문을 수령하고 2주 이내에 이의신청을 하지 않으면 확정됩니다.

의심은 가는데

부부(철수♡영희)는 결혼 9년 차에 2명의 미성년 자녀를 두고 있습니다. 남편 철수(40)는 아내 영희(34)와 부정행위를 저지른 영철(41, 기혼)을 상대로 위자료 5천만 원을 청구하는 소송을 제기합니다.

남편 철수의 입장

아내가 직장 생활을 하면서 가정을 등한시하게 되었고, 부부 싸움이 잦아집니다. 우연히 아내의 카톡 내용을 보게 되면서, 아내와 영철이 불륜 관계에 있다는 사실을 알게 됩니다. 아내는 부정행위가 발각되자 회사를 그만두었고, 다시는 외도 하지 않겠다는 약속을 하였지만, 얼마 지나지 않아 영철에게 '오늘은 또 슬프지, 내 못 봐서?', '사랑해'라고 하는 등 영철과의 만남을 이어 오고 있습니다.

영철의 입장

영희와 부정행위를 한 적이 없다고 합니다.

법원의 판단

1심 판결에서 **철수의 청구를 기각한다**고 합니다. 1심 재판부는 철수가 제출한 증거를 보면 영희가 누군가와 교제하였던 사실이 인정되며, 상대방을 영철로 지목하게 된 데에는 그 나름의 이유도 있을 것으로 의심된다고 합니다. 철수가 제출한 증거들만으로는 영희와 교제를 한 상대방이 영철이라고 단정하기 어렵고, 달리 이를 객관적으로 증명할 만한 뚜렷한 증거는 확보되지 못합니다. 법원이 직권으로 영희를 증인으로 채택하여 신문하는 방안도 고려해 볼 수 있겠으나, 부부가 이혼소송을 진행 중인 점에서 영희의 출석이 확보될 수 있을지도 의문이거니와 출석한다고 하더라도 민사소송법 제314조에 정한 증언거부권을 행사할 가능성이 농후한 것으로 보여 그 실효성이 심히 의심되므로, 아내에 대해 증인신문은 하지 않습니다. 철수는 1심 판결에 불복하여 항소합니다. 항소심 중에 철수와 영희가 이혼합니다. 이혼소송에서 영희의 부정행위가 인정되어 철수에게 위자료 2천만 원을 지급하라는 판결이 확정됩니다. 항소심 재판에서 철수는 영희와 영철이 문자메시지를 주고받았고, 수회에 걸쳐 돈을 송금받거나 송금한 사실을 입증하는 증거로 항소심에서 추가로 제출했지만, 항소심 재판부는 영희와 영철이 어떠한 부정행위를 하였다고 인정하기 부족하다며 **철수의 항소를 기각**합니다.

⚖️ 최한겨레 변호사 Tip

1. 상간자 소송 증거

   애매한 증거는 패소의 결과만 나올 뿐이며 패소한다면 상대방에게 소송비용을 지급해야 합니다. 이 사건에서도 패소한 철수는 1심 소송비용과 항소심 소송비용으로 약 880만 원을 영철에게 지급합니다.

2. 소송비용액확정 신청

   실무상 재판에서 소송비용을 정확히 결정해 주지 않으므로, 이를 확실히 하기 위해 당사자가 신청을 통해 받는 결정을 말합니다. 소송비용의 부담을 정하는 재판에서 그 액수가 정해지지 않은 경우 제1심법원은 그 재판이 확정되거나, 소송비용 부담의 재판이 집행력을 갖게 된후 당사자의 신청을 받아 결정으로 그 소송비용액을 확정합니다. (민사소송법 제110조 제1항)

소송비용은 패소한 당사자가 부담하는 것이 원칙입니다. (민사소송법 제98조)

물론 예외도 존재합니다. 승소자가 그 권리를 늘리거나 지키는 데 필요하지 않은 행위로 발생한 소송비용, 상대방의 권리를 늘리거나 지키는 데 필요한 행위로 인한 소송비용의 전부나 일부, 승소자가 적당한 시기에 공격이나 방어의 방법을 제출하지 않아 소송이 지연되어 발생한 소송비용의 전부나 일부, 승소자가 기일이나 기간의 준수를 게을리해 소송이 지연되어 발생한 소송비용의 전부나 일부, 그 밖에 승소자가 책임져야 할 사유로 소송이 지연된 경우 지연으로 말미암은 소송비용의 전부나 일부입니다.

3. 패소자가 부담해야 하는 소송비용

인지액, 서기료, 당사자, 증인, 감정인, 통역인과 번역인에 대한 일당, 여비, 법관과 법원 서기의 증거조사에 요하는 일당 여비와 숙박료, 감정, 통역, 번역과 측량에 관한 특별 요금, 통신과 운반에 쓰인 비용, 관보, 신문지에 공고한 비용, 송달료, 변호사 비용 또는 소송서류의 작성 비용 등이 있습니다. 패소자가 부담하는 변호사 비용은 승소자가 변호사와 맺은 보수 계약에 의한 금액이 아니라 변호사 보수표에 따라 산정된 금액입니다.

■ 변호사 보수의 소송비용 산입에 관한 규칙 [별표] 〈개정 2020. 12. 28.〉

소송 목적 또는 피보전권리의 값	소송비용에 산입되는 비율 또는 산입액
300만 원까지 부분	30만 원
300만 원을 초과하여 2,000만 원까지 부분 [30만 원 + (소송 목적의 값 - 300만 원) × $\frac{10}{100}$]	10%
2,000만 원을 초과하여 5,000만 원까지 부분 [200만 원 + (소송 목적의 값 - 2,000만 원) × $\frac{8}{100}$]	8%
5,000만 원을 초과하여 1억 원까지 부분 [440만 원 + (소송 목적의 값 - 5,000만 원) × $\frac{6}{100}$]	6%
1억 원을 초과하여 1억 5천만 원까지 부분 [740만 원 + (소송 목적의 값 - 1억 원) × $\frac{4}{100}$]	4%
1억 5천만 원을 초과하여 2억 원까지 부분 [940만 원 + (소송 목적의 값 - 1억 5천만 원) × $\frac{2}{100}$]	2%
2억 원을 초과하여 5억 원까지 부분 [1,040만 원 + (소송 목적의 값 - 2억 원) × $\frac{1}{100}$]	1%
5억 원을 초과하는 부분 [1,340만 원+ (소송 목적의 값 - 5억 원) × $\frac{0.5}{100}$]	0.5%

아내의 자백

부부(철수♡영희)는 결혼 13년 차에 2명의 미성년 자녀를 두고 있습니다. 남편 철수(42)는 아내 영희(38)와 부정행위를 저지른 상간자 영철(39, 미혼)에게 위자료 3천만 원을 청구하는 소송을 제기합니다.

남편 철수의 입장

어느 날부터 아내는 잠자리를 심하게 거부했고, 휴대전화에 예민하게 반응합니다. 아내의 외도를 의심하였고, 아내의 뒤를 추적하여 마침내 누군가와 통화하는 것을 듣게 됩니다. 영희는 '만나자, 보고 싶다, 사랑한다' 등의 말을 합니다. 아내를 추궁하였고, 부정행위를 자백합니다.

상간자 영철의 입장

자신의 행위로 인하여 고통을 입었을 철수에게 진심으로 속죄하는 마음을 갖고 있습니다. 영희와 깊은 내연관계가 아니었고, 영희를 계속해서 밀어냈지만, 끊임없이 만나자는 요구에 어쩔 수 없이 응했다고 합니다.

법원의 판단

판결에서 영철은 철수에게 **위자료 1,200만 원**을 지급하라고 합니다.

1. 항소기간

   판결문을 수령하고 2주 이내에 항소하지 않으면 판결이 확정됩니다. 형사소송은 판결 선고일로부터 7일 이내에 항소해야 합니다.

2. 지연손해금

   지체에 빠진 채무자가 채권자에게 그 지연으로 인한 손해의 배상을 말합니다. 이 사건의 지연손해금은 영철이 소장 부본을 수령한 다음 날부터 판결 일까지 연 5%, 그다음 날부터 다 갚는 날까지는 연 12%를 지급하라고 합니다. 2019년 6월 1일부터 금전의 지급을 명하는 판결에서 제때 갚지 않은 채무자에게 부가되는 지연이자가 원금의 연 15%에서 연 12%로 낮아졌습니다.

유부남 단골손님

부부(영희♡철수)는 결혼 19년 차에 2명의 미성년 자녀를 두고 있습니다. 아내 영희(47)는 남편 철수(46)와 부정행위를 저지른 상간자 순희를 상대로 위자료 3천만 100원을 청구하는 소송을 제기합니다.

아내 영희의 입장

철수는 순희가 운영하는 식당의 단골손님이었습니다. 순희는 남편과 사이가 원만하지 않아 다툼이 많았고, 대화 상대로 철수를 자주 찾았는데 이를 계기로 둘은 단순한 지인 사이를 넘어 부정한 관계로 발전합니다. 우연히 철수의 휴대전화에서 순희와 연인 사이로 문자메시지를 주고받는다는 것을 알게 됩니다.

상간자 순희의 입장

자신의 행위로 고통을 입었을 영희에게 진심으로 속죄합니다. 그러나 철수의 끊임없는 요구로 인하여 만남을 시작한 점, 가정이 깨지기만을 바라며 만남을 지속해 온 것은 아닙니다.

법원의 판단

조정을 갈음하는 결정에서 순희는 영희에게 위자료 2천만 원을 지급하고, 철수와 직접 또는 제3자를 통해 연락하다가 발각되면 위약금으로 위반 행위 1회당 100만 원을 지급하라고 나왔지만, 순희는 조정을 갈음하는 결정에 불복하여 이의신청합니다. 판결에서 순희는 영희에게 **위자료 3천만 원**을 지급하라고 합니다. 부정행위로 인하여 영희가 상당한 기간 정신적 고통을 받았고, 결국 부부는 협의이혼을 신청하기에 이른 점, 미성년인 자녀들이 있는 상태에서 혼인 관계가 종료될 경우 원고로서는 앞으로도 상당한 어려움을 감당해야 하는 점, 그 밖에 이 사건 부정행위가 문제 된 이후 피고가 보인 태도와 피고가 부정행위에 이르게 된 경위(특히 이 법원이 피고가 원고 남편과 다시 만나거나 연락하지 않는 조건을 붙여 영희에게 2천만 원을 지급하는 내용의 강제조정 결정을 하였으나, 피고가 이에 이의를 제기한 후 변론 종결일까지 원고 남편과의 관계 청산에 관하여 명확한 의사표시를 하지 않고 있고, 결국 이 사건의 영향으로 부부의 혼인 관계가 협의이혼으로 종결에 이르게 된 것으로 보이는 점) 등 제반 사정을 참작하여 위자료를 정합니다. 한편, 순희는 철수의 끊임없는 요구로 만남을 시작하게 된 사정을 강조하나, 설령 그러한 사정이 인정된다고 하더라도 이는 공동불법행위자인 철수와 순희 사이의 내부 책임분담에 관한 사정일 뿐, 위 공동불법행위에 따른 피해자인 영희에 대한 책임의 경감 사유로 보기 어렵습니다.

⚖️ **최한겨레 변호사 Tip**

1. 법원 관할

이혼을 하는 것을 전제로 하느냐 하지 않느냐에 따라 갈립니다. 이혼을 한 이후나, 이혼을 하는 것을 전제로 상간자 위자료 소송을 하는 때에는 가정법원이 관할입니다. 따라서 배우자와는 협의이혼을 한 후에 소송을 제기하거나, 배우자와 상간자와 공동피고로 하여 소송을 제기하거나, 또는 배우자와 이혼소송 중에 별도로 상간자를 상대로 소송을 제기하였다면, 관할은 가정법원이 됩니다.

2. 소장을 관할법원에 맞게 제출해야 소송 기간이 길어지지 않습니다.

부부(영희♡철수)는 결혼 16년 차에 2명의 미성년 자녀를 두고 있습니다. 아내 영희(42)는 부정행위를 저지른 철수(42)와 이혼을, 철수와 부정행위를 저지른 상간자 순희(46)에게 공동하여 위자료 6천만 원을 청구하는 소송을 제기합니다.

아내 영희의 입장

남편이 직장 동료인 순희와 부정행위를 하고 있다는 사실을 알게 됩니다. 철수와 순희에게 '가정을 지킬 수 있도록 부탁한다'라고 하였으나 말로만 '알겠다'라고 합니다. 이후 술에 취한 철수와 순희가 서로 껴안고 다니는 것을 영희가 목격합니다. 남편은 '이래도 어차피 나랑 못 헤어질 거잖아?'라며 영희를 모욕합니다.

법원의 판단

소송 중에 철수와 영희는 이혼은 하지 않기로 합의하였고, 순희가 입장을 밝히기 전에 화해권고결정이 나옵니다. 「순희는 영희에게 **위자료 1,500만 원**을 지급한다. 순희는 철수와 더 이상 문자, 전화, 이메일, SNS 등으로 연락하거나 만나지 않으며 기타 오해를 살 만한 행동을 하지 않을 것. 만일 철수와 연락하거나 만나는 등의 행위를 할 경우 **1 행위당 300만 원**의

비율로 계산한 돈을 원고에게 지급한다. 철수와 순희는 이 사건과 관련하여 제기하였던 별도의 민·형사상 이의 제기 및 청구 등을 하지 않을 것. 영희는 철수에 대한 청구, 피고에 대한 나머지 청구를 각 포기하고, 향후 이 사건 및 이 화해권고결정 확정 전에 발생한 사건과 관련하여 상호 이혼 청구를 포함한 일체의 청구를 하지 않을 것.」

⚖️ **최한겨레 변호사 Tip**

답변서를 제출하기 전에 법원의 판단이 나오는 경우도 있습니다.

남편의 가출

부부(영희♡철수)는 결혼 11년 차에 2명의 미성년 자녀를 두고 있습니다. 아내 영희(37)는 남편 철수(40)와 부정행위를 저지른 상간자 순희(24, 미혼)를 상대로 위자료 3천만 100원을 청구하는 소송을 제기합니다.

아내 영희의 입장

어느 날부터 철수는 자주 외박하였고, 밤에는 영희의 전화, 문자메시지에도 전혀 답장하지 않았습니다. 갑자기 달라진 철수의 태도가 의심스러워, 철수를 추궁하였고, 처음에는 외도 사실을 극구 부인하였으나, 결국 순희와의 부정행위를 자백합니다. 철수는 미안하다는 말만 남긴 채 집을 나갔고, 순희와 지낸다는 사실을 알게 됩니다.

상간자 순희의 입장

철수와 부정행위를 한 사실이 없고, 더 이상 마주칠 일도 없습니다. 철수가 어떤 말을 하였는지는 모르겠지만, 부부 공동생활에 미친 영향에 대한 전적인 책임을 오로지 자신에게 묻겠다는 영희의 주장은 타당하지 않습니다.

법원의 판단

판결에서 순희는 영희에게 **위자료 1,500만 원**을 지급하라고 합니다. 재판에서 순희는 직장 동료인 철수가 유부남이라는 것을 알면서도 숙박업소에 투숙하는 등 부정행위를 한 사실이 밝혀집니다.

⚖️ **최한겨레 변호사 Tip**

직장에서 벌어지는 부정행위가 가장 많습니다.

공시송달

부부(영희♡철수)는 결혼 29년 차에 2명의 자녀를 두고 있습니다. 아내 영희(56)는 남편 철수(56)와 부정행위를 저지른 상간자 순희(54)에게 위자료 3천만 100원을 청구하는 소송을 제기합니다.

아내 영희의 입장

철수와 순희가 부적절한 관계임을 알고 순희에게 철수는 유부남이며, 이혼하지 않았음을 알려 주면서 연락하거나 만나지 말라고 경고합니다. 하지만 철수와 순희가 함께 여행을 다녀온 사실이 드러납니다.

법원의 판단

1심 재판에서 순희가 소장을 받지 않아 공시송달로 재판이 진행되었고, 순희는 영희에게 **위자료 2천만 원**을 지급하라고 합니다. 뒤늦게 판결문을 받은 순희는 항소합니다.

상간자 순희의 입장

철수가 유부남이라는 사실을 알지 못한 상태에서 만났으며, 부부의 혼인 관계는 자신과 무관하게 이미 파탄이 난 상태였으며, 이 경우 불법행위를 구성하지 않기에 영희의 청구는 기각되어야 합니다.

법원의 판단

항소심 판결에서 **순희의 항소를 기각한다**고 합니다. 영희는 순희에게 문자메시지를 보내 영희가 철수의 배우자라는 사실을 알렸는데도, 순희는 2년이 넘는 기간 동안 철수와 관계를 지속한 점, 철수가 증인으로 출석하여 '순희에게 혼인한 사실을 알려 주었고 영희의 사진을 보여 주기도 하였으며, 순희는 영희에게 문자메시지를 받은 사실을 알려 주었다'라는 내용의 증언을 합니다. 순희가 제출한 녹취록에 의하면 순희가 '정말 이혼한 줄 알았다'라는 말에 철수는 '뭘 이혼해, 신고하러 안 갔다고 했잖아'라고 대답합니다. 이후에 철수는 '이혼했어'라고 거짓말을 하였지만, 철수가 순희를 만날 당시에 결혼한 상태라고 말한 것에 관하여는 진술 및 발언이 일관됩니다. 순희는 철수와 교제할 당시에 철수에게 배우자가 있다는 사실을 알았다고 보는 것이 맞는다고 합니다. 순희가 제출한 증거만으로는 철수와 만날 당시에 부부의 혼인 관계가 이미 파탄 상태에 이르렀다는 사실을 인정하기 어렵다고 합니다. 항소심이 확정되었지만, 영희에게 위자료를 지급하지 않습니다. 영희는 순희를 상대로 채권압류 및 추심명령을 신청합니다.

⚖️ **최한겨레 변호사 Tip**

1. 공시송달

법원이 송달할 서류를 보관해 두었다가 당사자가 나타나면 언제라도 교부할 뜻을 법원 게시장에 게시하는 송달 방법입니다. 재판장의 직권 또는 당사자의 신청에 의하여 행하여지며, 신청인은 특히 공시송달의 사유를 소명하여야 합니다. 공시송달은 게시한 날로부터 2주(외국에서 할 송달에 있어서는 2개월간)를 경과함으로써 그 효력이 생깁니다. 이 기간은 단축할 수 없습니다. 그러나 동일한 당사자에 대한 이후의 공시송달은 게시한 다음 날부터 그 효력이 생깁니다.

2. 판결이 확정된 이후에도 상간자가 위자료를 지급하지 않는다면 상간자를 상대로 채권압류 및 추심명령, 부동산 가압류 등을 해야 합니다.

불법 증거 수집

부부(철수♡영희)는 결혼 7년 차에 1명의 미성년 자녀를 두고 있습니다. 남편 철수(39)는 아내 영희(37)의 부정행위로 이혼을, 영희와 부정행위를 저지른 상간자 영철(36, 미혼)에게 연대하여 위자료 5천만 원을 청구하는 소송을 제기합니다.

남편 철수의 입장

아내가 영철과 카풀을 하면서 부정행위를 한다는 소문이 있다는 것을 아내와 같은 직장을 다니는 지인으로부터 전해 듣게 됩니다. 처음에는 믿지 않았지만, 평소와 다른 행동을 하는 아내가 의심스러웠기에 집에 몰래 녹음기를 설치합니다. 며칠 후 녹음기를 확인해 보니 영철과 장시간 전화 통화를 한다는 것을 알게 됩니다.

아내 영희의 입장

혼인 파탄에 이르게 된 것은 부정행위가 아닌 철수의 배려 부족과 협조 의무를 위반했기 때문입니다. 부정행위는 혼인 파탄 이후 발생했으니 불법행위를 구성하지 않습니다.

상간자 영철의 입장

혼인 관계가 실질적으로 파탄 난 이후 만남은 부정행위를 구성한다고 볼 수 없습니다. 부정행위로 판단된다고 하더라도, 혼인 관계 파탄의 원인이라고 볼 수 없는 점을 최대한 참작해야 합니다.

법원의 판단

판결에서 부부는 **이혼**하고, 영희와 영철은 **공동하여 위자료 1,500만 원**을 지급하라고 합니다. 부부는 서로 다른 직업과 생활 패턴, 성격과 가치관 차이 등으로 점차 관계가 소원해집니다. 직장 동료인 영희와 영철은 소송하기 2년 전부터 교제하였고, 영희와 영철이 통화하던 중 '벌써 우리가 만난 지 2년이 돼 가요'라고 말하기도 합니다. 소 제기 후 판결까지 혼인 관계 회복을 위한 별다른 노력을 기울이지 않으면서 서로 불화의 책임을 상대방에게 미루는 점, 철수가 일관되게 이혼 의사를 표시하고 있고, 영희도 이혼에 동의하고 있는 점 등 변론에 나타난 여러 사정을 참작하면, 부부의 혼인 관계는 그 바탕이 되어야 할 애정과 신뢰가 상실되어 더 이상 회복할 수 없을 정도로 파탄되었다고 판단합니다. 영희는 혼인하였으면서도 영철과 교제함으로써 부정행위를 하였고, 부정행위로 인하여 부부의 혼인 관계가 파탄되었으므로 혼인 파탄의 주된 책임은 영희에게 있다고 판단합니다. 이에 대하여 영희는 소송하기 1년 전부터 이미 철수의 무관심과 냉대로 인하여 애정과 신뢰를 상실하여 혼인 관계가 파탄되었다고 주장하나, 영희가 제출한 증거만으로는 부부의 혼인 관계가 부정행위 이전에 파탄되었다고 인정하기 부족하다고 합니다. 영철도 부부의 혼인 관계가 사실상 파탄된 이후 영희와 친하게 지냈으므로 혼인 파탄의 책임이 없다고 주장하나,

혼인 관계 파탄이 시작된 날보다 훨씬 이전부터 교제한 사실이 드러나면서 영철의 주장도 받아들이지 않습니다.

⚖️ **최한겨레 변호사 Tip**

1. 영철이 철수를 통신비밀보호법 위반으로 고소했다면?
   다른 사람의 대화를 무단으로 녹음, 청취, 누설하면 통신비밀보호법 16조 1항에 따라 1년 이상 10년 이하의 징역형과 5년 이하의 자격정지에 처할 수 있습니다. 특히 이 처벌 조항에는 벌금형이 없습니다.

2. 남편의 불륜을 확인하기 위해 차량에 몰래 둔 휴대전화로 다른 여성과의 대화를 녹음한 30대 여성이 재판에 넘겨졌고, 징역 6개월의 선고를 유예하는 선처를 받았습니다. (2021년)

3. 배우자의 불륜을 의심하여 몰래 녹취한 대화록을 민사소송에 제출했다가 외려 불법 도청 혐의로 형사재판에 넘겨진 남편이 법원의 선처로 처벌을 면했습니다. 법원은 징역 6월과 자격정지 1년을 산정하면서도 선고유예를 합니다. (2023년)

4. 선고유예란 추가 범죄로 인한 징역, 금고형 확정 등 특별한 실효 사유가 2년간 발생하지 않으면 형사소송을 면한 것으로 간주하는 것입니다.

5. 영철이 철수를 고소했다면 처벌받았을 가능성이 매우 높습니다.

공동하여 위자료

부부(영희♡철수)는 결혼 17년 차에 1명의 미성년 자녀를 두고 있습니다. 아내 영희(44)는 남편 철수(40)와 이혼을 하고 나서 부정행위를 저지른 상간자 순희에게 위자료 3천만 원을 청구하는 소송을 제기합니다.

아내 영희의 입장

철수와 순희의 부정행위 사실을 협의이혼하고 나서야 알게 됩니다.

상간자 순희의 입장

철수가 이혼한 것으로 알고 있었기에 귀책사유가 없습니다.

법원의 판단

판결에서 철수와 순희는 **공동하여 위자료 1천만 원** 지급하라고 합니다. 부부는 혼인 기간 동안 서로에 대한 폭언, 폭행 등으로 갈등을 겪어 왔습니다. 어느 날 철수는 집을 나갔고, 영희에게 지속적으로 이혼을 요구합니다. 부부는 이혼하기로 합의하였고, 이에 관한 합의서를 작성하고 공증도 받습니다. 협의이혼 의사 확인 신청을 한 다음 날 영희는 철수에게 '아이를 데려가고, 물건도 가져가라고, 도어락 비밀번호도 바꿨다'라는 내용의 문자메시지를 보냈고, 철수는 '아이를 봐줄 수 없다면 양육비를 주고,

비밀번호도 다시 원래대로 바꿔라, 그렇지 않으면 문을 따고 들어가겠다'라고 답장하며 다시 갈등이 심화됩니다. 이후 철수는 이혼소송을 제기하였는데, 영희는 소송에서 이혼을 원하지 않는다는 입장을 고수하면서 철수에게 다시 한번 기회를 달라거나 가정을 지키고 싶다는 내용의 문자메시지를 보내지만, 철수는 거절합니다. 철수와 순희는 철수가 이혼하기 5년 전 처음 알게 되었고, 함께 해외여행을 다녀오고, 모텔에 숙박한 사실이 있습니다. 영희는 철수에게 관리비를 납부해 줄 것을 요청하였는데, 순희가 대신 납부해 준 일도 알게 됩니다. 조정을 갈음하는 결정으로 **이혼**이 성립되었고, 양육비와 재산분할은 있지만, 위자료는 없습니다. 추후 상대방에 대하여 위자료, 재산분할 등 일체의 재산상 청구하지 않는다는 조항이 들어갑니다. 순희는 협의이혼 의사 확인 신청일에 부부의 혼인 관계가 파탄되었으므로 부정행위로 혼인 관계가 파탄되었다고 볼 수 없다고 주장하지만, 가정법원의 이혼 의사 확인과 가족관계의 등록에 관한 법률이 정한 신고를 통해 협의이혼에 있어서도 부부 중 일방이 가정법원에 의한 이혼 의사 확인을 받기 전 그 신청을 취하할 수 있고, 가정법원에 의한 이혼 의사 확인이 있더라도 부부 일방에 의한 이혼신고 전 상대방의 이혼 의사 철회가 있으면 이혼신고를 수리할 수 없는 것으로 하여(가족관계의 등록 등에 관한 규칙 제77조, 제80조) 이혼 여부에 관한 의사 변경을 인정함과 아울러 이혼을 원하지 않는 부부 일방의 의사를 우선적으로 보호하고 있는 점 등에 비추어 보면, 원고 부부가 협의이혼 의사 확인 신청을 하였다는 것만으로 원고 부부의 혼인 관계가 파탄되었다고 볼 수 없고, 이혼 등의 소에 관하여 조정을 갈음하는 결정이 확정된 날에야 비로소 원고 부부의 혼인 관계가 파탄되었다고 합니다. 순희가 주장하는 날에 원고 부부의 혼인 관계가 파탄되었다고 하더라도, 그 이전부터 교제한 것으로 보이므로, 교제할 당시 부부의 혼인 관계가 파탄된 상태였다는 순희의 주장은 여러모로 받아들일 수 없다고 합니다.

⚖️ 최한겨레 변호사 Tip

이혼 의사만 있다고 협의이혼 절차를 진행할 수 없으며, 재산분할, 친권자 및 양육권자, 위자료에 관한 내용까지 협의가 되어야 하고 다툼이 있다면 재판으로 갈 수밖에 없습니다.

Bar에서 만난 유부남

부부(영희♡철수)는 결혼 9년 차에 2명의 미성년 자녀를 두고 있습니다. 아내 영희(39)는 남편 철수(39)와 부정행위를 저지른 상간자 순희(37, 미혼)에게 위자료 2천만 원을 청구하는 소송을 제기합니다.

아내 영희의 입장

남편의 휴대전화 카카오톡 메신저에서 순희와의 부정행위를 알게 됩니다. 철수를 추궁하였고, 부정행위를 자백합니다.

상간자 순희의 입장

Bar에서 아르바이트를 하다가 손님으로 온 철수를 만났습니다. 부정행위를 인정하며 영희에게 미안합니다. 철수가 유부남인 것을 알고 만났지만, 모든 책임을 자신에게 전가하는 것은 부당합니다.

법원의 판단

판결에서 순희는 영희에게 **위자료 1,300만 원**을 지급하라고 합니다.

교제하던 상대가 기혼임을 알고 만났다면 위자료를 지급해야 합니다. 기혼자인 줄 몰랐다, 속았다고 주장하고 입증해서 빠져나가는 피고들도 있지만 알고 만났지만 상대가 입증 못 하는 경우도 있습니다.

부부(철수♡영희)는 결혼 7년 차에 3명의 미성년 자녀를 두고 있습니다. 남편 철수(30)는 아내 영희(32)와 부정행위를 저지른 상간자 영철에게 위자료 3천만 원을 청구하는 소송을 제기합니다.

남편 철수의 입장

아내는 퇴근 후 운동을 하겠다며 저녁마다 나갔는데, 귀가 시간이 점점 늦어지면서 외도를 의심하게 됩니다. 아내를 몰래 미행했는데 운동은 하지 않고, 직장 상사인 영철의 집으로 들어가는 장면을 확인합니다. 영희의 휴대전화에서 영철과 주고받은 문자메시지를 보게 됩니다. 애정 표현을 하는 내용이 있습니다. 부정행위가 발각되자 아내는 집을 나갑니다.

상간자 영철의 입장

영희와 성관계는 하지 않았습니다. 다만 실제 성관계를 연상하게 하는 내용의 통화를 한 적은 있습니다. 이유를 불문하고, 오해할 수 있는 상황을 만들었다는 자체에 대하여 스스로 자책하고 있습니다. 본의 아닌 상처를 준 것에 대하여 미안하다고 합니다.

법원의 판단

조정을 갈음하는 결정에서 원고에게 위자료 1,500만 원을 지급하고 영희와 직장에서 업무상 관계 이외의 전화 통화, SNS 또는 만남 및 그 이상의 관계가 있을 때에는 1회 위반 시마다 1천만 원의 위약벌금을 원고에게 지급하라. 이 사건 내용과 조정 결과를 피고의 직장이나 제3자에게 발설하거나 일체 알리지 않기로 하며, 위반할 경우, 1회 위반 시마다 1천만 원의 위약벌금을 상대방에게 지급하라고 합니다. 영철은 조정을 갈음하는 결정에 불복하여 이의신청을 합니다. 이후 화해권고결정이 나오는데 조정을 갈음하는 결정에서의 위자료는 같지만, 위반 사항에 대한 조항이 삭제됩니다. 영철은 철수에게 **위자료 1,500만 원**을 지급하라고 합니다. 상간자 소송이 끝나고 철수와 영희는 **이혼**합니다.

⚖️ **최한겨레 변호사 Tip**

1. 부정행위라 함은 간통보다 넓은 개념으로서 간통에까지는 이르지 아니하나 부부의 정조의무에 충실하지 않는 일체의 부정한 행위가 이에 포함됩니다.

2. 육체적 관계가 없었더라도 정신적으로 기혼자와 교감을 나누었다면 간통에 포함됩니다.

부부(철수♡영희)는 결혼 10년 차에 2명의 미성년 자녀를 두고 있습니다. 남편 철수(40)는 아내 영희(39)와 부정행위를 저지른 상간자 영철(43)을 상대로 위자료 4천만 원을 청구하는 소송을 제기합니다.

남편 철수의 입장

아내는 취미 생활로 수영을 배우면서, 함께 수영하는 사람들과 술을 마시기 시작합니다. 술자리를 가지고 새벽에 귀가한 날 아내는 수영 모임에 있는 유부남에게 고백받았다고 말을 합니다. 이후 아내는 휴대전화에 집착하면서 평소에 하지 않던 잠금 설정을 하기도 합니다. 아내의 외도를 의심하던 중 차량 블랙박스에서 영철과 통화하는 음성을 듣게 되는데 연인들이나 주고받을 내용의 대화였습니다. 철수는 영철을 직접 찾아가 영희와의 관계에 대해 따졌고, 부정행위를 자백합니다.

상간자 영철의 입장

자신의 행위로 인하여 고통을 입었을 철수에게 진심으로 속죄하는 마음을 갖고 있습니다. 그러나 영희의 끊임없는 요구로 만남을 시작한 점, 헤어진 후 연락하거나 만나지 않습니다.

법원의 판단

판결에서 영철은 철수에게 **위자료 1,500만 원**을 지급하라고 합니다.

철수의 추가 소송

선행소송이 확정된 후에도 영희와 영철이 부정행위를 저지른다는 것을 알게 되면서 영철에게 위자료 4천만 원을 청구하는 소송을 제기합니다. 영철은 진심으로 죄송한 마음을 가지고 있지만, 부부의 혼인 관계는 이미 파탄이 난 상태였고, 영희의 집착과 협박으로 인하여 피고의 자유의지와 무관하게 만났다고 합니다.

법원의 판단

판결에서 영철은 철수에게 **위자료 500만 원**을 지급하라고 합니다. 선행 사건으로 인하여 부부의 혼인 관계에 상당한 영향이 있었고, 당사자 간 감정의 변화도 있었을 것으로 보이는 점, 계속하여 만난 것에는 영희의 집착도 엿보이는 점, 선행 사건 위자료 액수를 고려하여 위자료를 정한다고 합니다.

⚖️ 최한겨레 변호사 Tip

추가 소송을 당하지 않으려면 법률상 미혼인 상태에서 만나야 합니다. 이혼숙려기간 중에 만났다가 위자료를 지급하는 경우도 있습니다.

유부남 직장 선배

부부(영희♡철수)는 결혼 5년 차에 1명의 미성년 자녀를 두고 있습니다. 아내 영희(33)는 남편 철수(30)와 부정행위를 저지른 상간자 순희(27, 미혼)를 상대로 위자료 5천만 원을 청구하는 소송을 제기합니다. 상간자 소송 중에 철수와 영희는 **이혼**합니다.

아내 영희의 입장

남편의 퇴근이 늦어지길래 그 이유를 물었으나, 대답을 회피하거나 화를 내며 피하기만 합니다. 철수가 몰래 휴가를 쓴 사실을 알게 되었고, 남편의 휴대전화에서 모텔 사용 내역을 보게 됩니다. 남편에게 모텔에 왜 갔는지 따졌고, 처음에는 변명하다가 증거가 더 나오자 순희와의 부정행위를 자백합니다.

상간자 순희의 입장

철수는 직장 선배이며, 철수에게 농락당한 것이 아닌가 하는 생각을 지울 수 없습니다. 부정행위에 해당한다는 점은 인정하지만, 모든 책임을 자신에게 전가하는 것은 형평에 맞지 않습니다. 영희에게 이미 수차례 사죄의 말씀을 드렸고, 평생 속죄하는 마음으로 살겠습니다.

법원의 판단

판결에서 순희는 영희에게 **위자료 2천만 원**을 지급하라고 합니다.

⚖️ **최한겨레 변호사 Tip**

철수에게 구상금을 청구하지 않았다면 철수가 순희를 대신해서 영희에게 위자료를 지급하지 않았을까 하는 생각이 들 수 있습니다.

사례 15 유부남 동창

부부(영희♡철수)는 결혼 14년 차에 1명의 미성년 자녀를 두고 있습니다. 아내 영희(43)는 남편 철수(46)와 부정행위를 저지른 상간자 순희(46, 기혼)를 상대로 위자료 3천만 원을 청구하는 소송을 제기합니다.

아내 영희의 입장

소송하기 5년 전 남편의 부정행위를 알게 됩니다. 남편은 부정행위를 인정하며 미안하고, 용서를 빌며 순희와의 관계를 정리하겠다고 했지만. 남편은 순희와 계속 만나다가 발각됩니다. 순희를 찾아가 철수와의 부정행위에 대한 각서를 받습니다. 하지만 남편과 순희가 함께 모텔에서 나오는 장면을 목격합니다. 순희는 영희를 찾아가 각서를 작성하고, 합의금 1천만 원을 지급하면서 소송만은 말아 달라며 사정을 합니다. 하지만 남편이 순희의 배우자에게 소송을 당합니다.

상간자 순희의 입장

초등학교 동창 모임에서 우연히 동창인 철수를 만나게 되었고, 자주 만나면서 가까워졌습니다. 부정한 만남으로 영희에게 상처를 준 점은 진심으로 반성하고 사죄합니다. 다만 철수가 다른 여성과도 동시에 부정행위를 저질렀던 점, 영희에게 합의금 1천만 원을 지급한 사실이 있음에도 소송을 제기한 점, 영희의 폭언 및 협박으로 고통을 받았다는 점을 위자료 산정에 참작해 달라고 합니다.

법원의 판단

판결에서 순희는 영희에게 **위자료 1,500만 원**을 지급하라고 합니다. 부정행위로 영희에게 상당한 정신적 충격을 주었음에도 또다시 약속을 깨고 부정행위를 저질러 혼인 생활 유지를 지속적으로 방해하고 배우자로서의 권리를 침해하여 정신적 고통을 가하는 불법행위를 저질렀다고 합니다. 철수가 다른 여성을 만났다는 순희의 주장은 그 사실인정 여부에 따라 순희의 책임이 달라지는 문제는 아니므로 위자료 액수의 산정에 영향을 미칠 수 없고, 순희가 영희에게 1천만 원을 지급하였다는 사실은 이미 위자료 액수의 산정에 고려하였으며, 영희의 폭언 등도 순희의 불법행위의 정도와 기간에 비추어 볼 때 그 사실인정 여부가 위자료의 액수 산정에 별다른 영향을 미칠 수 없다고 합니다.

⚖️ **최한겨레 변호사 Tip**

초등학교 동창 모임을 조심하셔야 합니다.

사례 16   **직장 내 불륜 1**

부부(영희♡철수)는 결혼 32년 차입니다. 아내 영희는 남편 철수와 부정행위를 저지른 상간자 순희(43, 기혼)에게 위자료 3,100만 원을 청구하는 소송을 제기합니다.

아내 영희의 입장

남편의 휴대전화에서 자동 저장된 통화 내역에서 부정행위를 발견합니다. 서로 '여보'라고 부르면서, 서로의 배우자 근무시간까지 체크하면서 연락을 주고받았을 뿐만 아니라, 모텔을 드나들면서 부정한 관계를 이어 왔습니다.

상간자 순희의 입장

철수와는 직장 동료로 처음 만났습니다. 철수와 알고 지낸 지는 오래되었으나, 실제 부정행위를 한 기간은 길지 않습니다. 부적절한 관계가 있었다는 점을 부정하지 않습니다. 또한 철수가 유부남인 것을 알면서도 만남을 지속했던 것에 대하여 깊이 사죄하고 반성하고 있습니다. 이 사건으로 남편과 별거 중이며 철수를 상대로 소송을 진행하고 있습니다.

법원의 판단

판결에서 순희는 영희에게 **위자료 2천만 원**을 지급하라고 합니다.

⚖️ **최한겨레 변호사 Tip**

배우자 전화기에 자동 녹음 버튼을 눌러 놓으면 판도라의 상자가 열립니다.

온라인 모임

부부(영희♡철수)는 결혼 3년 차에 1명의 미성년 자녀를 두고 있습니다. 아내 영희(34)는 남편 철수(34)와 부정행위를 저지른 상간자 순희(40)를 상대로 위자료 4천만 원을 청구하는 소송을 제기합니다.

아내 영희의 입장

남편은 유부남, 유부녀 및 이혼남, 이혼녀를 대상으로 하는 네이버 밴드에 가입하여 실제 모임에 참석하는 등 활동을 하면서 순희를 만나 부정행위를 저지릅니다.

상간자 순희의 입장

밴드 모임은 불건전한 목적을 가진 특정 모임이 아닌 친목 도모가 주목적입니다. 어떠한 이유가 되었던 부정한 만남으로 인해 영희에게 잊히지 않는 상처를 준 점에 대하여는 진심으로 반성하고 후회하고 있습니다. 다만, 처음에는 철수가 유부남인 사실을 알지 못한 채 만남을 시작했던 점, 철수가 지속적인 요구로 만남을 시작한 점, 철수와 채무 관계로 인하여 관계를 쉽게 끊을 수 없었던 점, 철수가 다른 여성과도 부적절한 관계를 지속하고 있었다는 점 등을 위자료 산정에 참작해 달라고 합니다.

법원의 판단

화해권고결정에서 영희에게 위자료 1천만 원을 지급하라고 나왔지만, 순희는 이에 불복하여 이의신청을 합니다. 판결에서 순희는 영희에게 **위자료 1천만 원**을 지급하라고 합니다. 철수와 순희가 주고받은 카카오톡 메시지를 보면 '나도 보고 싶어'라는 이성적 감정이 담겨 있는 대화를 자주 나누었고, 서로 얼굴을 맞대거나 어깨에 손을 올리거나, 베개에 머리를 두고 누워 있는 피고의 바로 뒤에서 순희의 상의 속으로 손을 집어 넣는 모습으로 사진을 촬영하기도 한 사실, 밴드 이벤트에 응모하기 위해 순희가 모텔 카운터를 향하여 있는 뒷모습을 철수가 촬영하여 그 사진을 밴드에 올리기도 한 사실을 볼 때 부정행위로 충분히 인정된다고 합니다.

⚖️ **최한겨레 변호사 Tip**

네이버 밴드나 오카방(오픈 카카오톡 방)을 조심하셔야 합니다.

사례 18   해외여행에서 만난 기혼자들

부부(영희♡철수)는 결혼 13년 차에 2명의 미성년 자녀를 두고 있습니다. 아내 영희(39)는 남편 철수(39)와 부정행위를 저지른 상간자 순희(34, 기혼)에게 위자료 3천만 원을 청구하는 소송을 제기합니다.

아내 영희의 입장

남편은 해외 출장을 갔다가 우연히 순희를 만나, 함께 쇼핑을 하고 여행을 한 사실을 영희가 알게 됩니다. 외국에서 같은 나라의 사람을 만나서 가깝게 지낸 것을 넘어서, 각자의 배우자 및 자녀들이 있음에도 불구하고 귀국을 해서도 몰래 만나다가 부정행위가 발각됩니다.

상간자 순희의 입장

자신의 행동으로 고통을 입었을 영희에게 진심으로 속죄하는 마음을 갖고 있습니다. 그러나 부적절한 만남의 기간은 다소 짧고 횟수가 적은 편이었고, 철수의 끊임없는 요구로 인하여 만남을 시작한 점, 철수가 놓아준 뒤에 연락조차 하지 않으며 만나지 않은 점, 가정이 깨지기만을 바라며 만남을 지속한 것은 아니라는 점을 위자료 산정에 고려해 달라고 합니다.

법원의 판단

조정을 갈음하는 결정에서 순희는 영희에게 **위자료 1,500만 원**을 지급하라고 합니다.

최한겨레 변호사 Tip

해외 단체 어행에서도 부정행위가 일어나는 경우가 있습니다.

부부(영희♡철수)는 결혼 4년 차에 2명의 미성년 자녀를 두고 있습니다. 아내 영희(36)는 남편 철수(36)와 부정행위를 저지른 상간자 순희(32, 미혼)를 상대로 위자료 3천만 원을 청구하는 소송을 제기합니다.

아내 영희의 입장

남편은 자영업을 하면서 밤늦게까지 잔업을 하고 있었는데, 영희는 아이들과 함께 저녁 도시락을 준비하여 가게에 방문했다가 남편과 순희가 함께 있는 모습을 보게 됩니다. 남편은 순희를 손님이라고 했지만, 매장 CCTV를 확인해 보니 순희와 애정 행각을 하고 있었습니다.

상간자 순희의 입장

영희에게 씻을 수 없는 정신적 피해를 준 점에 대해 깊이 반성합니다. 하지만 부부간 정조의 의무를 저버리고 원고와의 기본적인 신뢰를 깨트린 철수에게 더 큰 책임이 있습니다. 철수는 혼인 생활의 파탄되었음을 일관되게 주장하며 이혼 의사를 강력하게 밝히며 자신과 새로운 삶을 살 것을 약속했고, 자신은 주변 상황이 좋지 않아 심신이 미약하여 객관적인 판단이 어려운 상태였기에 부정한 만남을 끊지 못했고, 철수에게 부적절한 만남을 거절하는 의사를 여러 번 밝혔으나 철수의 집착과 끊임없는 구애로 만남을 이어 간 점을 위자료 산정에 고려해 달라고 합니다.

법원의 판단

판결에서 순희는 영희에게 **위자료 1천만 원**을 지급하라고 합니다. 영희의 나이와 가족관계 및 혼인 생활 기간, 철수와 순희가 부정행위에 이르게 된 동기와 경위, 부정행위의 기간과 태양, 철수와 순희가 부정행위를 하였으나 이혼하지 않고 철수에게 별도의 손해배상을 청구하지 않고 있는 사정, 이와 같은 부정행위로 인한 원고의 정신적 고통에 대한 그 주된 책임은 해당 배우자에게 있고 특별한 사정이 없으면 공동불법행위책임을 부담하는 상대방의 책임은 부차적인 것으로 보이는 점 등 모든 사정을 참작해서 위자료를 정한다고 합니다.

⚖️ 최한겨레 변호사 Tip

상간자 소송에서는 빠른 증거보전 신청을 통해서 CCTV 영상을 확보하는 것이 중요합니다.

부부(영희♡철수)는 결혼 12년 차에 2명의 미성년 자녀를 두고 있습니다. 아내 영희(41)는 남편 철수(41)와 부정행위를 저지른 상간자 순희(37, 기혼)에게 위자료 5천만 원을 청구하는 소송을 제기합니다.

아내 영희의 입장

해외에서 지내다가 순희와는 4년 전부터 친구로 지냈으며, 남편을 순희에게 소개해 주었기 때문에 이들의 부정행위 사실을 알게 되었을 때 더욱더 큰 충격을 받았습니다. 순희의 배우자가 두 사람의 부정행위를 알게 되면서 순희를 상대로 이혼소송을 합니다. 그 과정에서 순희는 남편에게 이혼소송에서 자신에게 유리한 진술을 해 줄 것을 요청하며, 그렇지 않으면 부정행위를 영희에게 알리겠다고 협박합니다. 협박을 견디지 못한 철수는 부정행위를 자백합니다.

상간자 순희의 입장

어떠한 이유가 되었든 철수와의 잘못된 만남으로 영희에게 잊히지 않는 상처를 준 점에 대하여는 진심으로 반성하고 후회하고 있습니다. 다만 철수와 만난 기간은 정말 짧았던 점, 철수가 먼저 접근하고 적극적으로 구애를 한 점, 그만 만나자고 했는데도 철수가 끊임없이 연락하고 집착한 점,

철수를 만났을 때 가정이 파탄 났다고 철수에게 들었다는 점, 사건이 벌어진 후 2년이 지나서야 소송을 제기한 점, 부부의 관계가 회복된 점 등을 위자료 산정에 고려해 달라고 합니다.

법원의 판단

판결에서 순희와 철수는 **공동하여 위자료 800만 원**을 영희에게 지급하라고 합니다. 부정행위로 인하여 순희 부부가 이혼하였으나, 철수가 순희의 배우자에 대하여 손해배상을 하지 않은 것으로 보이는 점, 부정행위가 드러났음에도 2년 이상 혼인 관계를 유지했고 앞으로도 그러할 것으로 예상되는 점 등을 종합적으로 고려하여 위자료 액수를 정한다고 합니다.

⚖️ **최한겨레 변호사 Tip**

친구의 배우자가 더 멋있고 아름다워 보이는 이유는 내 것이 아니라서 그렇습니다.

성관계 동영상

부부(영희♡철수)는 결혼 25년 차에 2명의 미성년 자녀를 두고 있습니다. 아내 영희(47)는 부정행위를 저지른 남편 철수(47)에게 이혼을, 남편과 부정행위를 저지른 상간자 순희(44)에게 공동하여 위자료 1억 원을 청구하는 소송을 제기합니다.

아내 영희의 입장

남편은 부정행위가 발각되자 집을 나갑니다. 철수와 순희는 수년간 부정행위를 이어 오면서도 어떠한 죄책감도 없었고, 도리어 정신병자 취급하면서 완강히 자신들의 부정행위를 부인합니다. 피고들은 함께 모텔에 드나들고 성관계 동영상을 남겨 두는가 하면, 회사 대표이사였던 철수는 대표이사 명의를 순희로 변경하는 등 모든 생활 영역에서 부정행위를 넘어서 마치 본래 부부인 것처럼 행동합니다.

남편 철수의 입장

조정에서 원만히 합의를 원한다고 합니다.

상간자 순희의 입장

철수와 업무를 같이 하면서 알게 되었고, 잠시간 이성적으로 만난 사실로 평생 잊을 수 없는 상처를 준 점은 모두 인정합니다. 다만 만난 기간이 짧은 점, 더 이상 만남을 유지하고 있지 않은 점, 정신적으로 힘든 하루하루를 보내고 있는 점, 영희가 청구한 위자료는 1억 원인데 과다합니다.

조정에서 합의

부부는 **이혼**하고, 영희에게 **공동하여 위자료 3,500만 원**을 지급하기로 합의합니다.

전 직장 동료

부부(철수♡영희)는 결혼 9년 차에 2명의 미성년 자녀를 두고 있습니다. 남편 철수(38)는 부정행위를 저지른 아내 영희(36)에게 이혼을, 아내와 부정행위를 저지른 상간남 영철(37, 기혼)에게 공동하여 위자료 5천만 원을 청구하는 소송을 제기합니다.

남편 철수의 입장

아내가 누군가와 몰래 자주 연락한다는 느낌을 받았으나 부부 생활에도 사생활은 필요하다는 생각에 오히려 영희를 의심하는 자신을 책망하며 마음을 다잡습니다. 어느 날 회식을 한다며 나간 아내가 외박하고 음주 운전까지 하면서 귀가한 것을 알고 크게 실망합니다. 술에 취한 아내는 누군가와 부정행위를 하고 있다며 자백하면서 부정한 관계를 정리하겠다며 용서를 구합니다. 하지만 아내의 휴대전화에서 영철과의 부정행위가 지속되고 있다는 사실을 알게 됩니다.

상간자 영철의 입장

영희를 직장에서 만났고, 지인들과의 술자리에서 영희와 이야기를 나누면서 친밀한 관계로 발전하였습니다. 부정한 관계에 있었음을 인정하며, 철수가 입었을 고통에 너무나도 죄송한 마음뿐입니다. 자신도 누군가의 남편이기에 철수가 이번 일로 인해 어떠한 어려움을 겪었을지 잘 알고 있지만, 철수가 청구한 위자료는 과다하니 감액을 요청합니다.

조정에서 철수와 영철의 합의

조정에서 영철은 철수에게 **위자료 1,400만 원**을 지급하기로 합의합니다.

아내 영희의 입장

남편에게 위자료 5천만 원을 청구하는 반소를 합니다. 결혼 생활 동안 자유롭게 생활한 적이 없고, 항상 철수의 감시 속에 지내 왔고, 철수는 폭언을 일삼고 여러 차례 폭력을 행사해 왔기에 귀책사유가 있습니다.

조정에서 철수와 영희의 합의

조정에서 원고 부부는 **이혼**합니다. 재산분할과 양육비도 원만히 합의합니다.

⚖️ **최한겨레 변호사 Tip**

부부 사이의 이혼소송에 피고 2로 소장을 받았다면 이혼소송에 끌려가게 되어 소송이 매우 길어집니다. 미리 조정으로 합의하는 것도 좋은 방법입니다.

채팅 앱에서 만난 유부남 1

부부(영희♡철수)는 결혼 20년 차에 2명의 미성년 자녀를 두고 있습니다. 아내 영희(47)는 남편 철수(49)와 부정행위를 저지른 상간자 순희를 상대로 위자료 3천만 100원을 청구하는 소송을 제기합니다.

아내 영희의 입장

남편은 모임이 있다고 하면서 귀가 시간이 점차 늦어졌고, 주말에도 모임을 핑계로 외출하는 일이 많아졌습니다. 남편의 행동을 조금씩 의심하고 있었는데, 남편의 차에서 순희가 내리는 것을 발견합니다. 남편을 추궁하자, 처음에는 아무 사이가 아니라고 발뺌했으나, 계속된 추궁에 부정행위를 자백합니다. 남편은 순희와 다시는 만나지 않겠다는 약속을 하고 무릎을 꿇으며 용서를 빌었습니다. 부정행위가 발각된 후에도 순희와의 관계를 정리하지 않고 지내다가 또다시 부정행위가 발각됩니다. 순희는 철수에게 성관계 및 부정행위를 이유로 본인이 오히려 신체적, 정신적으로 손해를 입었다고 주장하며, 관계를 정리하는 조건으로 돈을 요구하였고, 시부모님이 대신해서 순희에게 500만 원을 지급하고 남편과 헤어지라고 한 사실이 있습니다. 하지만 순희는 계속해서 철수에게 연락하고 만남을 요구합니다.

상간자 순희의 입장

어떠한 이유가 되었든 철수와의 잘못된 만남으로 영희에게 잊히지 않는 상처를 준 점에 대하여는 진심으로 반성하고 후회합니다. 철수가 유부남인 사실을 알지 못한 채 만남을 시작한 점, 부부의 이혼을 종용한 사실이 없는 점, 영희와 이혼할 테니 기다려 달라는 철수의 말만 그대로 믿었고, 기다렸던 기간 동안 신체적 고통을 겪었고, 영희의 협박과 감시로 인해 상당한 정신적 고통을 입었으며, 막대한 금전적 손해를 입었으며, 더 이상 철수와 연락하거나 만나지 않으므로 위자료 감액을 요청합니다.

법원의 판단

1심 판결에서 순희는 영희에게 **위자료 1,500만 원**을 지급하라고 합니다. 영희는 1심 판결에 불복하여 항소하지만 **기각판결**이 나옵니다.

⚖️ **최한겨레 변호사 Tip**

이혼하고 온다는 사람 말을 믿으면 배신당합니다.

사례 24   결혼 전 만난 여자 친구

부부(영희♡철수)는 결혼 12년 차에 2명의 미성년 자녀를 두고 있습니다. 아내 영희(37)는 남편 철수(41)와 부정행위를 저지른 상간자 순희(38)를 상대로 위자료 2천만 원을 청구하는 소송을 제기합니다.

아내 영희의 입장

남편과 순희는 20대 초반에 사귀었던 사이로, 순희는 이혼하고 혼자서 아이를 키우고 있습니다. 남편과 순희는 다시 연락하여 만나기 시작했고, 순희의 집에서 동거를 한 사실이 밝혀집니다.

상간자 순희의 입장

철수와 이성적인 만남을 가졌던 사실로 영희에게 상처를 준 것에 대하여는 진심으로 반성하고 있습니다. 다만, 학창 시절 첫사랑이라고 말하는 남자가 평생 그리워했다며 친근하게 다가오는 것을 매몰차게 거절하기 어려웠던 점, 철수가 자신의 거절에도 불구하고 끊임없이 구애했던 점, 지인들 앞에서 남편이 될 것처럼 행동하면서 신뢰하게 만든 점, 헤어진 뒤에도 영희와 영희의 가족들에게 협박당했고, 일상생활을 지속할 수 없을 정도의 피해를 준 점 등을 위자료 산정에 고려해 달라고 합니다.

법원의 판단

판결에서 순희는 영희에게 **위자료 500만 원**을 지급하라고 합니다. 부부의 혼인 기간, 부정행위의 내용, 정도 및 기간, 부정행위가 부부의 혼인 관계 파탄에 미친 영향, 부부가 협의이혼 하면서 위자료에 관해 협의한 내용, 영희는 순희가 부담하는 책임 부분만 구하는 점 등을 여러 사정을 참작하여 위자료 액수를 정한다고 합니다.

⚖️ **최한겨레 변호사 Tip**

과거의 이성 친구를 오랜만에 만나서 부정행위를 하는 경우도 많습니다.

부부(영희♡철수)는 결혼 11년 차에 2명의 미성년 자녀를 두고 있습니다. 아내 영희(40)는 남편 철수(45)와 부정행위를 저지른 상간자 순희(37, 미혼)를 상대로 위자료 3,100만 원을 청구하는 소송을 제기합니다.

아내 영희의 입장

남편은 자영업을 하고 있었는데 혼자 해외여행을 가겠다고 합니다. 의심이 들었지만 혼자서 시간을 가지고 싶다는 남편의 말을 믿고 보내 줍니다. 남편의 SNS를 보던 중 외도를 의심케 하는 게시물을 보게 됩니다. 그러다 남편과 순희가 함께 식사하고 나오는 모습을 보게 되었고, 몰래 따라가 보니 함께 모텔에 들어가는 장면을 목격합니다. 남편에게 순희와의 관계를 추궁하니 사업상 만남이었고, 모텔에 간 것도 처음이라며 용서해 달라고 합니다.

상간자 순희의 입장

순희는 소장을 받고 소송고지 신청을 합니다. 부정행위를 인정하고 반성하며 영희에게 사과하고 미안합니다. 더 이상 철수와 연락하지 않으니 위자료 감액을 요청합니다.

법원의 판단

판결에서 순희는 영희에게 **위자료 2,500만 원**을 지급하라고 합니다. 재판에서 철수와 순희는 1년 6개월 동안 데이트를 하면서 함께 여행을 다니고 모텔에 출입하는 등 교제한 사실이 밝혀집니다.

⚖️ 최한겨레 변호사 Tip

소송고지란 민사소송법상 당사자가 소송에 참가할 수 있는 이해관계를 가진 제3자에게 소송계속의 사실을 법이 정한 방식에 따라 통지하는 일입니다. 구상금 청구소송과 관련이 있습니다.

아내의 휴대전화

부부(철수♡영희)는 결혼 14년 차에 2명의 미성년 자녀를 두고 있습니다. 남편 철수(42)는 아내 영희(40)와 부정행위를 저지른 상간자 영철(44, 기혼)을 상대로 위자료 3,100만 원을 청구하는 소송을 제기합니다.

남편 철수의 입장

아내의 휴대전화를 사용할 일이 있어 사용하던 중, 영철이 아내에게 '자기야'라고 보낸 것을 보게 됩니다. 아내에게 영철과의 관계를 물으니 처음에는 아무 사이가 아니라면서 발뺌하다가 부정행위를 인정합니다. 그러다 아내는 이혼을 요구하더니 집을 나가 버립니다.

법원의 판단

영철이 입장을 밝히기 전에 재판부에서 조정을 갈음하는 결정이 나옵니다. 영철은 철수에게 위자료 1,500만 원을 지급하라고 나옵니다. 철수와 영철은 조정을 갈음하는 결정에 불복하여 이의신청을 합니다.

상간자 영철의 입장

영희와 나눈 대화를 가지고 위자료 책임을 지라고 하는 것은 부당합니다. 자신의 배우자 역시 영희에게 위자료 청구소송을 할 수 있다는 것인데,

영철의 배우자는 이 사건의 소장을 보고도 전혀 미동도 하지 않는다고 합니다. 위자료 책임을 진다고 하더라도 대폭 감액하여야 합니다. 철수가 영철의 주장을 반박하는 부정행위 증거를 제출하면서 영철은 입장을 번복합니다. 부부의 사이가 좋지 않다는 말만 믿고 영희와 연락하며 챙겨 주고 같이 밥을 먹는 등 관계를 이어 온 점에 대하여는 후회하고 반성합니다. 영희에게 가출을 종용한 적이 없으며 연락조차 하지 않고 있는 점, 소송 이후 자신도 육체적 · 정신적으로 너무나 고통스러운 시간을 보내고 있다며 위자료 감액을 요청합니다.

법원의 판단

판결에서 영철은 철수에게 **위자료 1,500만 원**을 지급하라고 합니다. 재판에서 영철은 영희가 유부녀라는 사실을 알면서도 교제를 시작하였고, 서로 '자기야', '내 꺼'라고 부르며 성관계를 하는 등 부정행위 사실이 밝혀집니다. 영희는 집을 나가 철수가 구해 준 집에서 생활하고 있습니다. 철수가 영철에게 영희와 만나지 말라고 요구하였음에도 오히려 '영희를 놓아주라', '영희를 만나고 안 만나고는 내 자유다'라며 이를 거부하였고, 영희에게 거주할 집까지 마련해 준 점 등을 고려했다고 합니다. 영철의 배우자는 영희를 상대로 손해배상청구소송을 제기합니다.

구속된 아내

부부(철수♡영희)는 결혼 12년 차에 2명의 미성년 자녀를 두고 있습니다. 남편 철수(38)는 아내 영희(37)와 부정행위를 저지른 상간자 영철(45)에게 위자료 3,100만 원, 영수에게 위자료 5천만 원을 청구하는 소송을 제기합니다.

남편 철수의 입장

사정상 따로 지내던 아내가 강도상해, 특수 감금 혐의로 구속되었다는 연락을 받습니다. 아내는 영철과 공모하여 영수를 폭행, 협박하여 금품을 뺏고, 위험한 물건인 흉기를 사용하여 감금했다는 이유로 영철과 함께 구속됩니다. 아내와 영수는 5년 전부터 교제하는 연인 사이였으며, 가끔 만나 성관계를 하는 사이였다고 합니다. 아내와 영철이 공모하여 아내는 영수와 외도하는 아내 역할, 공범인 영철은 남편 역할을 하여 범행을 한 사실이 드러납니다. 아내가 영철과 동거한 사실이 밝혀지면서 큰 충격에 빠집니다.

상간자 영철의 입장

영희를 20년 전 처음 만나 교제하다가 헤어집니다. 영희와 2년 전 다시 연락되어 만났는데 철수와 이혼한 상황이고 혼자서 아이를 키운다며 같이 살자고 제안합니다. 그렇게 만나다가 수개월이 지나서야 영희는 자신이 유부녀인 사실을 말했고, 철수의 외도로 이혼에 합의했다고 이야기합니다. 자신도 영희의 거짓말에 속은 피해자라고 주장합니다.

영수의 입장

영희를 소개해 준 지인도 미혼으로 알고 있었고, 자신도 영희가 처음에는 미혼인 줄 알았는데 나중에서야 이혼한 것으로 알게 되었습니다. 영희를 소개해 준 지인을 증인으로 신청하였고, 법정에 출석해서 영희가 미혼이라고 했다는 것을 증언해 줍니다.

법원의 판단

판결에서 영철은 철수에게 **위자료 1천만 원**을 지급하고, 영수에 대한 **청구는 기각**합니다. 영철은 영희와는 2년 넘는 기간 동안 사실혼 관계로 지내 오며 동거하였는데, 동거를 시작하고 몇 개월 후에 영희가 유부녀라는 사실을 알게 됩니다. 영수는 지인의 소개로 영희를 알게 된 후 가끔 만나 성관계를 하였다고 합니다. 영철은 철수와 곧 이혼할 것이라는 영희의 말을 믿고 동거를 한 것이므로 자신에게 책임이 없다고 주장하나, 영철의 주장은 손해배상액을 정함에 있어 참작할 사유는 될 수 있을지언정 손해배상 책임의 발생을 저지하는 사유로 보기는 어렵다고 합니다. 영수는 영희가 유부녀라는 사실을 전혀 알지 못하였다고 주장합니다. 철수가 제출한 증거들을 자세히 살펴보아도 그 증거들만으로는 영희가 유부녀라는 사실을 알면서 부정행위를 하였다는 사실을 인정하기에 부족합니다. 영희가 영수에게 미혼이라고 말하고 만남을 시작하였고, 그로부터 2년쯤 후에 이혼녀라고 말한 사실, 두 사람을 소개해 준 증인도 영희가 미혼인 것으로 알고 소개해 줬다는 증언을 더하면 원고의 청구는 이유 없습니다, 철수는 패소 부분에 대해 항소했지만, 인지대와 송달료를 납부하지 않아 항소장 각하 명령이 나오면서 1심 판결이 확정됩니다.

⚖️ 최한겨레 변호사 Tip

1. 교제한 상대방의 기혼 사실을 몰랐다거나 속았다는 것을 상간자가 입증하면 상간 소송 피고의 입장에서 방어를 할 수 있습니다.

2. 항소인이 소송비용을 납부하지 않고 기간이 도과하면 항소장 각하 명령이 나옵니다. 항소인이 항소장 각하 명령 결정문을 송달받은 날로부터 1주일 이내에 즉시항고를 하여 불복할 수 있고, 소송비용을 납부하며 항소심이 진행됩니다. 그렇지 않으면 항소기간이 만료한 시점에 원심 판결이 확정됩니다.

사례 28 아내를 사랑한 상간남

부부(철수♡영희)는 결혼 9년 차에 1명의 미성년 자녀를 두고 있습니다. 남편 철수(39)는 부정행위를 저지른 아내 영희(39)와 이혼을, 아내와 부정행위를 저지른 상간자 영철(49)에게 공동하여 위자료 5천만 원을 청구하는 소송을 제기합니다.

남편 철수의 입장

아내가 영철과 부정행위를 저질렀고, 가정에 대한 무관심, 애정 상실, 대화 단절, 극복할 수 없는 성격 차를 이유로 이혼소송을, 아내와 부정행위를 저지른 영철을 상대로 위자료 청구소송을 제기합니다. 철수는 부정행위에 대한 증거는 제출하지 않습니다.

아내 영희의 입장

남편과 이혼하면서, 위자료 3천만 원을 청구하는 반소를 합니다. 남편의 무관심과 무시, 출산과 양육에 무관심, 맞벌이하는 아내에 대한 배려 부족, 아내의 건강과 안전에 대한 무관심이 이혼 사유입니다. 직장 상사인 영철과의 관계는 남편이 오해하고 있는 상황입니다.

법원의 판단

영철이 입장을 밝히기 전에 조정을 갈음하는 결정이 나옵니다. 영희는 철수에게 **위자료 2천만 원**을, 그중에서 **1,500만 원을 영철과 공동하여** 지급하라고 합니다. 남편은 영철이 지급해야 하는 위자료는 받아들이지만, 나머지 조항에 불복하여 이의신청을 하였고, 아내는 이혼 의사가 없다며 이의신청을 합니다. 부부는 소송 중에 화해하면서 남편은 소송을 취하하였고, 아내도 반소를 취하합니다. 영철은 철수에게 위자료 1,500만 원을 지급하지만 영희에게 구상권을 행사하지 않습니다. 영철은 영희를 너무나도 사랑했다고 하면서 모든 책임을 지겠답니다.

⚖️ **최한겨레 변호사 Tip**

연대채무라고 하더라도 별개의 채무이고, 종속성이 없으며, 영철이 조정을 갈음하는 결정에 이의신청을 하지 않았기에 조정을 갈음하는 결정이 확정됩니다.

나이트클럽에서 만난 유부녀 1

부부(철수♡영희)는 결혼 10년 차에 1명의 미성년 자녀를 두고 있습니다. 남편 철수(40)는 아내 영희(36)와 부정행위를 저지른 상간자 영철(36, 미혼)을 상대로 위자료 3천만 원을 청구하는 소송을 제기합니다. 상간자 소송 전에 철수와 영희는 이혼합니다.

남편 철수의 입장

아내의 휴대전화에서 영철과 주고받은 카카오톡 메시지를 통해 부정행위를 알게 됩니다.

상간자 영철의 입장

나이트클럽에서 영희를 만났고, 영희는 이혼녀라고 했습니다. 영희가 유부녀라는 사실을 알았다면 처음부터 연락을 주고받지 않았을 것이라고 주장합니다.

법원의 판단

판결에서 영철은 철수에게 **위자료 1,500만 원**을 지급하라고 합니다. 철수가 제출한 증거를 보면, 영철은 영희가 유부녀임을 알면서도 부정행위를 하였음이 명백하며, 부부의 혼인 관계 파탄의 주된 원인이 된 것으로 보인다고 합니다. 영철은 영희가 이미 이혼한 것으로 알고 교제하였을 뿐, 배우자가 있다는 사실을 알지 못하였다고 주장하지만, 영희가 영철에게 '네가 결혼하게 되니, 슬퍼지자나'라고 말하면서 영희와 영철이 결혼할 수 없음을 전제로 말하였고, 이에 대하여 영철도 '내 결혼은 나중의 일이다, 지금은 너만 생각할 거다'라고 답하여 영희와 현재 결혼할 수 없는 상태에 있음을 전제로 답변하였던 점, 영철은 당시 자신은 미혼이지만 영희는 이혼한 것으로 알았기 때문에 위와 같이 대화하였다고 주장하나, 영희가 '헤어질 생각함 슬프자나'라고 말하자 영철은 '난 편하게 만나고 싶다, 불안하면서 만나는 건 싫다'라고 답하였는바, 영희가 이미 이혼한 상태에 있다면 위와 같은 대화를 하지 않았을 것입니다. 오히려 영희에게 배우자가 있음을 알고 있는 전제하에 위와 같은 대화가 가능한 것으로 보이는 점 등에 비추어 보면, 영희가 유부녀임을 알았다고 보는 것이 타당하다고 합니다.

⚖️ **최한겨레 변호사 Tip**

처음에는 기혼자인지 몰랐을 수도 있습니다. 그러나 알게 되면 곧바로 그 관계를 정리해야 합니다.

병원에서 만난 유부녀

부부(철수♡영희)는 결혼 8년 차에 1명의 미성년 자녀를 두고 있습니다. 남편 철수(39)는 아내 영희(36)와 부정행위를 저지른 상간자 영철(31, 미혼)에게 위자료 3,100만 원을 청구하는 소송을 제기합니다.

남편 철수의 입장

5년 전 사고로 입원을 하였는데, 영철과 같은 병실을 쓰면서 친해졌고, 아내가 병문안을 오면서 영철과 알게 됩니다. 나중에야 함께 병실을 쓴 다른 환자에게 아내와 영철이 부정행위 한 사실을 전해 듣게 됩니다.

상간자 영철의 입장

병원에서 퇴원하기 전 영희와 속 깊은 대화를 나누다가 감정이 격해져 순간을 참지 못하고 성관계를 한 사실은 인정합니다. 철수에게 상처를 준 것에 대하여 반성하며 철수에게 미안합니다. 그날 이후 영희와 연락하거나 만난 적이 없습니다.

법원의 판단

판결에서 영철은 영희와 **공동하여 위자료 1천만 원**을 철수에게 지급하라고 합니다.

구상금 청구소송

영철은 영희를 상대로 구상금 700만 원을 청구하는 소송을 제기합니다. 영희는 영철 때문에 철수에게 이혼당했고, 위자료와 재산분할을 상계하여 한 푼도 받지 못했다고 합니다. 판결에서 영희는 영철에게 **구상금 500만 원**을 지급하라고 합니다.

⚖️ **최한겨레 변호사 Tip**

공동불법행위자 중 1인의 자기 부담 부분 이상의 채무 변제 시 이에 대한 대법원의 입장.

대법원은 "공동불법행위자는 채권자에 대한 관계에서는 연대책임(부진정연대채무)을 지되, 공동불법행위자들 내부 관계에서는 일정한 부담 부분이 있고, 그 부담 부분은 각자의 고의 및 과실의 정도에 따라 정하여지는 것으로서 공동불법행위자에게 그 부담 부분의 비율에 따라 구상권을 행사할 수 있다. (대법원 2005. 7. 8. 선고 2005다8125 판결, 대법원 2006. 1. 27. 선고 2005다19378 판결)"라고 하여, 공동불법행위자 중 1인이 자기의 부담 부분 이상의 채무를 변제하여 공동의 면책을 얻은 경우, 해당 공동불법행위자는 다른 공동불법행위자에 대하여 구상권을 행사할 수 있습니다.

조정에서 합의

부부(영희♡철수)는 결혼 13년 차에 2명의 미성년 자녀를 두고 있습니다. 아내 영희(40)는 남편 철수(40)와 부정행위를 저지른 상간자 순희(미혼)에게 위자료 5천만 원을 청구하는 소송을 제기합니다.

아내 영희의 입장

남편과 순희는 결혼하기 전 연인 관계였는데, 철수가 결혼한 사실을 알면서도 연락하고 만나다가 내연관계가 시작됩니다. 남편의 차량 블랙박스에서 부정행위를 발견합니다.

상간자 순희의 입장

부정한 관계를 맺었던 기간은 5개월도 채 되지 않은 단기였던 점, 애초에 영희로 인해 철수와의 연인 관계가 파탄에 이르렀던 점, 혼인 생활이 이 사건으로 인하여 완전히 파탄에 이르렀다고 보기는 어렵다는 점 및 그에 대한 자신의 책임보다 철수의 불법성이 더 크다고 보이는 점 등을 고려하면 영희가 손해배상금으로 청구한 5천만 원은 과도하게 높습니다. 재판 중에 소송고지 신청을 합니다.

조정에서 합의

순희는 영희에게 **위자료 1천만 원**을 지급하기로 합의합니다.

아내의 S 파트너

부부(철수♡영희)는 결혼 1년 차에 1명의 미성년 자녀를 두고 있습니다. 남편 철수(33)는 아내 영희(36)와 부정행위를 저지른 상간자 영철(33, 미혼)에게 위자료 3,100만 원을 청구하는 소송을 제기합니다.

남편 철수의 입장

아내의 휴대전화에서 영철과 주고받은 카카오톡 메시지를 통해 부정행위를 알게 됩니다. 아내는 영철과 결혼 전부터 S 파트너였고, 혼인 이후에도 지속적으로 연락을 주고받으면서 성관계를 위해 만나기로 약속했다고 자백합니다.

상간자 영철의 입장

7년 전 인터넷을 통해 영희를 알게 되었고, 영희가 결혼하기 전에 만나서 식사를 하고 성관계를 한 사실은 있습니다. 유부녀가 된 영희와 부적절한 내용의 카카오톡 메시지를 주고받은 사실과 부정행위를 한 사실을 인정하며 원고에게 미안하고 반성합니다. 영희가 결혼하고 나서 메시지는 주고받았지만 만난 적은 없습니다. 재판 중에 소송고지 신청을 합니다.

조정에서 합의

영철은 철수에게 **위자료 800만 원**을 지급하기로 합의합니다.

앱을 통해 만난 유부남 1

부부(영희♡철수)는 결혼 13년 차에 2명의 미성년 자녀를 두고 있습니다. 아내 영희(46)는 남편 철수(45)와 부정행위를 저지른 상간자 순희(44)에게 위자료 3천만 100원을 청구하는 소송을 제기합니다.

아내 영희의 입장

남편과 순희는 애플리케이션을 통해 만났고, 남편의 차량 블랙박스에서 부정행위를 입증할 증거들을 발견합니다. 남편의 부정행위로 협의이혼을 합니다.

상간자 순희의 입장

철수와의 부정행위를 인정하며 영희에게 미안하고 반성한다고 합니다. 다만, 철수의 거짓말에 속아 부적절한 만남을 이어 갔다는 점, 부부의 혼인 파탄의 사유를 전적으로 자신에게만 오롯이 책임을 지게 하는 것은 부당하며, 경제적 자립 능력 상실로 개인회생 절차를 밟고 있다는 점을 참작 원합니다.

법원의 판단

판결에서 순희는 철수와 **공동하여 위자료 2,800만 원**을 영희에게 지급하라고 합니다. 부부는 부정행위로 협의이혼을 합니다. 순희는 영희로부터 부정행위 사실을 추궁당하게 되자 '미안합니다. 잘못된 길인 줄 알면서 와버렸네요. 반성하고 후회하고 있어요. 상처 드려 죄송하네요'라는 내용의 카카오톡 메시지를 영희에게 보내기도 합니다. 철수와 순희가 교제한 기간이 4년에 이르고 교제 중에 철수가 유부남이라는 사실을 알게 되었음에도 성관계를 갖는 등 부정행위를 합니다. 철수가 영희에게 위자료를 지급합니다. 철수가 위자료 전액을 지급했기에 영회도 부정행위에 대해 면책됩니다. 영희가 철수에게 돈을 주지 않는다면 구상금을 청구해야 합니다.

⚖️ **최한겨레 변호사 Tip**

상간자가 개인회생을 한다 해도 상간 소송 위자료는 비면책 채권에 해당하므로 위자료가 면제되지 않습니다.

부부(철수♡영희)는 결혼 5년 차에 1명의 미성년 자녀를 두고 있습니다. 남편 철수(35)는 부정행위를 저지른 아내 영희(32)와 이혼을, 아내와 상간 자 영철(31, 미혼)에게 공동하여 위자료 2천만 원을 청구하는 소송을 제기 합니다. 철수는 변호인을 선임하지 않고 소송을 합니다.

남편 철수의 입장

아내의 외도, 과다한 채무, 사치, 낭비, 가정에 대한 무관심, 애정 상실, 대화 단절을 이유로 이혼소송과 함께 내연남 영철을 상대로 위자료 청구소 송을 제기합니다.

상간자 영철의 입장

부정행위를 한 적이 없고, 모임이 끝나고 시간이 늦어 영희를 집에 바래 다줄 당시 철수는 그 장면만 보고 부정행위라며 위협하면서 강제적으로 사 진 촬영을 했고, 그 사진을 부정행위의 증거라며 제출합니다. 부부의 혼인 파탄의 주된 원인은 경제문제 및 성격 차이인데 철수는 없는 부정행위를 만들어서 자신에게 혼인 파탄의 책임을 전가하려 합니다.

아내 영희의 입장

부부의 혼인 파탄에 대한 책임은 철수에게 있으며, 부정행위를 한 사실이 없습니다. 철수와 이혼을 원하고 자녀를 양육하겠다며 친권자 및 양육자로 지정을 원합니다.

법원의 판단

법원에서 한 번 재판하고 직권으로 철수는 영희에게 소송이 확정될 때까지 양육비로 월 30만 원을 지급하라는 사전처분이 나옵니다. 며칠 후 화해권고결정이 나옵니다. 철수와 영희는 **이혼**하고, 자녀의 친권자 및 양육자는 아내로 정하고, 원고는 아내에게 양육비를 지급하라고 합니다. 남편이 영희와 영철에게 **청구한 위자료는 포기**하라고 합니다.

지인의 소개로 만난 유부남

부부(영희♡철수)는 결혼 19년 차에 2명의 미성년 자녀를 두고 있습니다. 아내 영희(49)는 부정행위를 저지른 남편 철수(43)와 이혼을, 남편과 상간자 순희(44)에게 공동하여 위자료 5천만 원을 청구하는 소송을 제기합니다.

아내 영희의 입장

남편의 차량 블랙박스와 휴대전화에서 순희와의 부정행위를 알게 됩니다. 남편의 카드 명세서에서 순희와 데이트를 했다는 것을 알게 되었고, 증거를 가지고 남편을 추궁하니 자백합니다.

남편 철수의 입장

부정행위를 인정하며, 순희와 이별 여행을 다녀온 이후로는 연락하거나 만나지 않고 관계를 정리했습니다. 영희에게도 이혼의 귀책사유가 있습니다. 영희는 몰래 사채를 빌려 쓰기도 했고, 살림에 무관심하고, 채팅에 빠지기도 했고, 자신에게도 무관심한 태도로 일관합니다.

상간자 순희의 입장

지인의 소개로 철수를 만났으며, 부정행위를 인정하고 영희에게 상처를 준 것에 대하여 반성하며 미안하다고 합니다.

법원의 판단

화해권고결정으로 순희는 영희에게 위자료 1천만 원을 지급하라고 나왔지만, 양측은 불복하여 이의신청을 합니다. 영희와 철수는 조정에서 합의합니다. 영희와 철수는 **이혼**하고, 재산분할, 양육비에 대해 합의합니다. 이혼이 성립된 후 순희와 영희 사이에 화해권고결정이 나옵니다.

순희는 영희에게 **위자료 500만 원**을 지급하라고 합니다.

약속을 어긴 아내

부부(철수♡영희)는 결혼 7년 차에 1명의 미성년 자녀를 두고 있습니다. 남편 철수(42)는 아내 영희(35)와 부정행위를 저지른 상간자 영철을 상대로 위자료 3천만 원을 청구하는 소송을 제기합니다.

남편 철수의 입장

아내는 자영업을 했는데 지인의 소개로 영철을 알게 됩니다. 어느 날 아내가 만취한 상태로 새벽에 귀가하였을 때 아내의 휴대전화에서 영철과 주고받은 카카오톡 메시지를 보면서 부정한 관계를 알게 됩니다. 배신감에 화가 치밀어 올랐지만, 가정과 어린 자녀를 위해서 부정한 관계를 정리하겠다는 아내의 약속만 받고 넘어갑니다. 하지만 이러한 노력에도 불구하고 아내는 영철과 연락을 주고받고 만난다는 사실을 알게 됩니다.

상간자 영철의 입장

영희와의 부정행위를 인정하고 철수에게 진심으로 사죄하는 마음을 갖고 있습니다. 하지만 철수는 집으로 찾아와 배우자에게 부정행위 사실을 폭로합니다. 영철의 의사에 반하여 주거를 침입한 것은 별개로 하더라도 철수의 행동으로 영철의 가정은 파탄 납니다. 이러한 점들을 위자료 산정에 고려해 달라고 합니다.

법원의 판단

판결에서 영철은 철수에게 **위자료 1,500만 원**을 지급하라고 합니다. 재판에서 영철은 영희에게 배우자가 있다는 사실을 알면서도 수시로 연락하고 성관계를 갖는 등 애정 관계를 유지한 사실이 밝혀집니다. 상간자 소송이 확정된 이후 철수와 영희는 이혼을 하였고, 영희는 철수에게 위자료 600만 원을 지급합니다.

⚖️ **최한겨레 변호사 Tip**

불륜은 마약과도 같아서 굉장히 끊기 어렵습니다.

부부(철수♡영희)는 결혼 15년 차에 1명의 미성년 자녀를 두고 있습니다. 남편 철수(46)는 아내 영희(43)와 부정행위를 저지른 상간자 영철(38)을 상대로 위자료 4천만 원을 청구하는 소송을 제기합니다.

남편 철수의 입장

아내의 휴대전화에서 부정행위를 알게 됩니다. 연인 간에나 주고받을 법한 내용의 수개의 메시지를 보았고 그 충격으로 인해 원고는 정신이 까마득하고 손발이 떨릴 정도였습니다. 영희에게 상간자의 정체를 밝힐 것을 요구하였으나 모르쇠로 일관하다가 결국 자백합니다. 데이트 앱을 통해 만나 부정행위를 저질렀다고 합니다.

상간자 영철의 입장

철수가 불법적으로 녹취한 통화 녹음은 증거능력이 없는바, 이를 근거로 책임을 물을 수 없다고 주장합니다. 책임이 인정된다고 하여도, 불륜 관계를 갖지 않았고, 영희와 연락한 기간은 매우 짧기에 철수가 청구한 위자료는 과다하니 감액을 요청합니다.

법원의 판단

판결에서 영철은 철수에게 **위자료 500만 원**을 지급하라고 합니다. 영희와 영철은 '너무너무 예뻤어, 뽀뽀하고 싶어' 등의 내용이 담긴 통화를 하였고, 이후 영철은 영희와의 통화를 중단하고 관계를 정리합니다. 영철은 불법적으로 녹음된 위법 수집 증거이므로 증거로 사용할 수 없다는 취지로 주장하나, 불법적으로 녹음된 것이라고 하더라도 자유심증주의가 적용되는 가사소송에서는 위법 수집 증거의 증거능력 배제 법칙이 적용된다고 볼 수 없습니다.

⚖️ **최한겨레 변호사 Tip**

배우자의 불륜을 밝히려다 범법자가 될 수 있으니 주의해야 합니다.

레슨에서 만난 유부녀

부부(철수♡영희)는 결혼 12년 차에 2명의 미성년 자녀를 두고 있습니다. 남편 철수(42)는 아내 영희(42)와 부정행위를 저지른 상간자 영철(49)을 상대로 위자료 3,001만 원을 청구하는 소송을 제기합니다.

남편 철수의 입장

아내의 차량 블랙박스에서 영철과 통화하고 있는 음성이 고스란히 녹음되어 있습니다. 아내는 영철에게 '자기'라는 호칭으로 통화하였고, '뽀뽀하고 싶은데?', '보고 싶어' 등의 대화를 나눕니다. 아내를 추궁하였지만 대답하지 않고 집을 나갑니다.

상간자 영철의 입장

일하는 레슨장에 영희가 레슨을 받으러 오면서 만났습니다. 레슨을 하면서 영희와 조금씩 가까워져 통화를 하게 되었으나, 철수가 찾아온 이후부터는 더 이상 연락하지 않았습니다. 가까워졌던 기간은 2개월이 채 되지 않으며, 철수가 생각하는 것처럼 깊은 관계가 아니며 성관계도 없었다며 하늘을 우러러 단 하나의 거짓도 없는 진심임을 맹세합니다.

법원의 판단

판결에서 영철은 철수에게 **위자료 1천만 원**을 지급하라고 합니다. 영철은 영희가 배우자가 있는 사람임을 알면서도 부정한 행위를 하여 부부 공동생활 유지를 방해하고 배우자로서의 권리를 침해한 사실이 인정된다고 합니다.

⚖️ **최한겨레 변호사 Tip**

기혼자들에게는 해서는 안 되는 말들이 많습니다.

수영 강사와 유부녀 회원

부부(철수♡영희)는 결혼 9년 차에 2명의 미성년 자녀를 두고 있습니다. 남편 철수(43)는 아내 영희(36)와 부정행위를 저지른 상간자 영철(36, 미혼)을 상대로 위자료 5천만 원을 청구하는 소송을 제기합니다.

남편 철수의 입장

차량 블랙박스 영상에서 아내와 영철이 부정행위를 하고 있다는 사실을 알게 됩니다. 철수는 지인들과 함께 아내의 뒤를 밟다가 차 안에서 아내와 영철이 성관계하는 장면을 목격합니다. 이 과정에서 영철은 다치기도 합니다.

아내 영희의 입장

영희도 철수를 상대로 위자료 500만 원을 청구하는 이혼소송을 제기합니다. 두 사건은 병합됩니다. 철수의 귀책사유로 강제적인 성관계 요구, 폭언, 우울증에 걸린 아내를 대수롭지 않게 생각하였고, 시어머니의 과도한 간섭도 있었다고 합니다. 영철과의 부정행위는 한순간의 실수였다며 인정합니다.

상간자 영철의 입장

영희와는 강사와 회원으로 만났고, 서로의 아픔을 들어주면서 가까워졌다고 합니다. 부정행위를 한 사실을 인정하고 철수에게 상처를 준 것에 대하여 크게 반성하고 있습니다. 발각되는 과정에서 다쳤고, 직장도 그만두게 됩니다. 신체적 유형력 행사와 명예훼손에 이르는 행위를 철수가 한 점 등을 위자료 산정에 고려해 달라고 합니다.

법원의 판단

화해권고결정에서 영철은 철수에게 위자료 1,500만 원을 지급하라고 나왔지만, 철수는 불복하여 이의신청을 합니다. 재판에서 철수는 영희에 대한 이혼소송을 취하하지만, 영희가 부동의하면서 재판은 진행됩니다. 판결에서 영철은 철수에게 **위자료 1,500만 원**을 지급하고, **영희와 철수의 나머지 청구는 기각**한다고 합니다. 영희는 부정행위를 한 유책배우자로 철수를 상대로 이혼 청구를 할 수 없고, 영희가 제출한 증거만으로는 유책배우자인 영희의 이혼 청구를 허용할 만한 예외적 사정도 인정되지 않습니다. 영희는 부정행위 이전에 부부의 혼인 관계가 이미 파탄 상태에 있었다고 주장하나, 영희가 제출한 증거만으로는 인정하기 어렵기에 반소 이혼 청구는 이유 없습니다. 부부의 혼인 관계가 회복할 수 없을 정도로 파탄 났다고 보기 어렵기에 원고의 본소 이혼 청구 역시 이유 없다고 합니다. 일반적인 부부 사이에서 발생할 수 있는 갈등이었을 뿐 혼인 관계를 회복할 수 없을 정도로 파탄 났다고 보기 어렵다고 합니다. 소송 중 이루어진 가사 조사 과정에서 부부는 많은 대화를 나누었고, 그 과정에서 영희는 철수에게 부정행위에 대하여 사과합니다. 아이들도 부모의 이혼을 원하고 있지 않습니다.

이러한 이유로 철수는 영희에 대한 이혼 의사를 철회하고, 혼인 관계를 계속 유지하고 싶다는 의사를 표현하면서 본소 청구를 모두 취하하기까지 합니다. 영희의 사정에 따른 것이기는 하나, 소송 진행 중에도 함께 거주하고 있고, 철수는 자신의 가정사에 영희를 며느리로 기재하였으며, 아이들과 함께 나들이를 가는 등 가족으로서의 모습을 계속 유지하고 있는 것으로 보인다고 합니다. 아이들이 매우 어리고, 부모에 대한 애정이 매우 크며, 부모로서 함께 아이들을 양육하여 주기를 바라고 있습니다. 철수가 영희의 부정행위에 대하여 아이들에게 이야기하였으나, 아이들은 여전히 영희에 대하여 강한 애정을 가지고 있습니다. 부부가 혼인 관계를 유지하는 것은 아이들의 복리에도 부합합니다. 철수가 영희의 부정행위를 아이들에게 언급하고, 이혼 의사를 철회한 이후에도 부정행위를 계속 언급하는 것 등에 비추어 볼 때, 진정으로 혼인 관계를 유지하려는 의사가 없고, 단지 보복적 감정 등에서 이혼에 응하지 않는 것에 불과하다고 주장하고 있습니다. 철수의 행위가 아이들과의 관계에서 매우 부적절한 행위이기는 하나, 이러한 사정이 부부의 혼인 관계가 파탄 났다고 볼만한 것이라고 단정할 수 없다고 합니다. 영철은 부정행위 이전에 부부의 혼인 관계가 파탄 난 상태였다고 주장하나 이를 인정할 증거가 없습니다.

⚖️ 최한겨레 변호사 Tip

어떻게든지 가정은 지켰다면, 그 이후에는 예전의 일은 잊고 앞으로 나아가야 합니다.

부부(영희♡철수)는 결혼 7년 차에 1명의 미성년 자녀를 두고 있습니다. 아내 영희(47)는 남편 철수(36)와 부정행위를 저지른 상간자 순희(37)를 상대로 위자료 3천만 원을 청구하는 소송을 제기합니다.

아내 영희의 입장

남편은 범죄를 저질러 실형을 선고받고 복역하였는데, 영희는 매일 철수에게 면회를 하러 가는 등 혼인 관계 유지를 위해 노력합니다. 철수는 출소 후 영희에게 이혼을 요구하였고, 이혼소송을 제기합니다. 철수의 이혼 요구를 의아하게 생각하다 우연한 기회에 철수와 순희가 주고받은 문자메시지를 발견합니다. 영희는 순희에게 전화를 걸어 '아기가 있는 유부남이니 더 이상 만나지 않았으면 좋겠다'라고 따졌고, 순희는 '네 남편은 너와 살 생각이 없고 아이는 고아원에 보낸다고 하였다'라는 말을 합니다. 순희는 남편과 주고받은 문자메시지를 캡처해서 보내 줍니다.

상간자 순희의 입장

철수는 학창 시절 때부터 알고 지내던 친구입니다. 철수와 식사를 한 사실은 있지만, 부정행위를 한 사실은 없습니다. 철수에게 '나는 이혼 절차를 완료했다'라는 말을 들었고, 지인들도 모두 그렇게 알고 있었습니다. 철수와 연락을 주고받았다는 이유만으로 불륜녀로 몰린 순희는 피해자입니다.

법원의 판단

1심 판결에서 순희는 영희에게 **위자료 500만 원**을 지급하라고 합니다. 철수는 영희를 상대로 이혼소송을 제기하였고, 영희에게 재산분할금을 지급하는 내용으로 조정이 성립됩니다. 순희는 철수와 문자메시지를 주고받으며 애징을 확인하고 매일의 일상을 챙기는 대화를 나눌 정도로 친밀한 사이로, 철수와 단순한 동창 이상의 관계를 가지고 만남을 지속하였음을 인정할 수 있고, 이는 부부의 부부 공동생활 유지를 방해하는 행위로서 부정행위에 해당합니다. 순희는 1심 판결에 불복하여 항소했지만, 항소심에서 **순희의 항소를 기각한다**고 합니다.

순희가 영희에게 철수와의 관계를 추궁하는 전화를 받은 후 철수와의 관계를 정리한 사실이 인정되기는 하나, 순희가 철수의 자녀 돌잔치에 참석하는 등 철수가 유부남이라는 사실을 알고 있었다고 인정하고 있는 점, 순희와 철수는 동창으로서 함께 알고 지내는 친구들이 여러 명 있었는데, 순희가 철수와 교제하면서도 친구 등을 통하여 철수가 영희와 혼인 관계를 유지하고 있는지 여부를 확인하였다고 볼 만한 자료가 없고, 단지 철수의 말만 믿고 혼인 관계가 파탄된 것으로 알았다는 것은 쉽게 납득하기 어려운 점 등을 고려하면, 순희는 혼인 관계가 완전히 파탄에 이르지 아니하였음을 알고 있었거나, 알지 못하였다고 하더라도 알지 못한 데에 과실이 있다고 합니다. 상간자 소송이 확정된 이후 부부는 **이혼**합니다.

사례 41　블랙박스 1

부부(철수♡영희)는 결혼 9년 차에 2명의 미성년 자녀를 두고 있습니다. 남편 철수(38)는 아내 영희(38)와 부정행위를 저지른 상간자 영철(33)을 상대로 위자료 3천만 100원을 청구하는 소송을 제기합니다.

남편 철수의 입장

아내는 사소한 일에도 짜증을 내기 시작했고, 집에서도 휴대전화만 보거나 심지어 화장실에 갈 때조차 항상 휴대전화를 가지고 다녔습니다. 아내의 휴대전화를 충전해 주려고 만지려 하면 극도로 예민한 반응을 보였고, 평소와 다르게 잠금 설정을 해 둡니다. 어느 날 차량 블랙박스를 점검하다가 아내와 영철의 대화가 녹음되어 있었습니다. 영철과 대면하였고, 아내와 연락하거나 만나지 말 것을 부탁합니다. 하지만 영철은 아내와 연락하며 교제하였고, 밤늦은 시간에도 원고 몰래 전화 통화하는 등 부정한 관계를 유지합니다.

상간자 영철의 입장

자녀들끼리 친하게 지내면서 학부모 사이로 친하게 지냈는데, 이를 철수가 오해해서 문제 된 것이라고 주장합니다.

법원의 판단

화해권고결정에서 철수에게 위자료 1,200만 원을 지급하라고 나왔지만, 철수는 화해권고결정에 불복하여 이의신청을 합니다. 판결에서 영철은 철수에게 **위자료 1,200만 원**을 지급하라고 합니다. 재판에서 영철은 7개월 동안 영희가 유부녀라는 사실을 알면서 연인 관계로 지내왔고, 이를 알게 된 철수에게 다시는 영희와 연락하지 않겠다고 약속하거나 합의금을 먼저 제시하기도 한 사실이 밝혀집니다.

부부(영희♡철수)는 결혼 2년 차입니다. 아내 영희(29)는 남편 철수(37)와 부정행위를 저지른 상간자 순희(37)를 상대로 위자료 4천만 원을 청구하는 소송을 제기합니다.

아내 영희의 입장

남편은 회식을 핑계로 연락을 받지 않고 귀가가 늦어지기도 합니다. 남편을 의심하던 중 남편과 순희가 주고받은 카카오톡 메시지를 보게 됩니다. 두 사람이 깊은 사이임을 추측할 수 있었습니다. 며칠 후 남편의 차량 블랙박스에서 순희와 낮 뜨거운 애정 행각을 벌인 사실이 발견됩니다. 순희를 찾아가 남편과의 관계를 추궁합니다. 순희는 부인하다가 부정행위 증거를 보여 주자 그제야 죄송하다며 부정행위를 자백합니다.

상간자 순희의 입장

자신의 행위로 고통을 입었을 영희에게 진심으로 속죄하는 마음을 갖고 있습니다. 철수와 만난 기간이 매우 짧고, 자신의 배우자와 아이들에 대한 죄책감으로 하루하루를 보내고 있어 정신적 고통이 상당하다는 점, 현재 수입에 비해 영희가 청구한 위자료는 과다하다며 감액을 요청합니다.

법원의 판단

화해권고결정에서 순희는 영희에게 위자료 1,300만 원을 지급하고, 기일 내에 지급하지 못하면 지연손해금과 위약금 200만 원을 가산하여 지급하라고 나왔지만, 영희와 순희는 화해권고결정에 불복하여 이의신청을 합니다. 판결에서 순희는 영희에게 **위자료 1,500만 원**을 지급하라고 합니다. 재판에서 순희는 철수를 알고 지내던 중 철수가 일하는 회사에 취직하면서 더욱 가깝게 지내게 되었고, 철수에게 배우자가 있다는 사실을 알고 있었음에도 교제한 것이 밝혀집니다. 또한 순희는 영희에게 부정행위를 발각된 이후에도 철수와 만났고, 함께 출근하는 모습을 영희가 목격하기도 한 사실이 밝혀집니다. 상간자 소송이 끝난 후 영희와 철수는 **이혼**합니다.

자인서

부부(철수♡영희)는 결혼 17년 차에 1명의 미성년 자녀를 두고 있습니다. 남편 철수(49)는 아내 영희(49)와 부정행위를 저지른 상간자 영철(46)을 상대로 위자료 3천만 원을 청구하는 소송을 제기합니다. 상간자 소송에 앞서 철수와 영희는 협의이혼 합니다.

남편 철수의 입장

철수 부부와 영철 부부는 서로 알게 된 이후로 자주 왕래하면서 친하게 지냈고, 부부끼리 함께 캠핑을 가는 등 친하게 지냈습니다. 아내가 밤늦게 들어오거나 새벽에 들어오면서 외도를 의심하기 시작합니다. 아내는 영철 부부를 알고 난 이후로 가정을 등한시합니다. 철수 부부는 싸움이 잦아졌고, 가정은 파탄 납니다. 그러다 철수는 아내와 영철의 부정행위를 알게 됩니다. 부정행위가 들통난 아내는 철수와 이혼할 것을 마음먹고 거짓으로 이혼소송을 제기합니다. 이혼소송에서 영희의 주장이 거짓으로 드러났고, 영희의 부정행위가 이혼 사유의 주된 원인으로 인정되면서 이혼이 확정됩니다. 영희는 소송 중에 영철과의 부정행위를 인정하는 자인서를 제출하였고, 자인서를 영철의 부정행위를 입증하는 증거로 제출합니다.

상간자 영철의 입장

철수의 오해이며, 부정행위는 없었다고 하다가 철수가 영희의 자인서를 부정행위의 증거로 제출하면서 입장을 바꿉니다. 영희의 거짓말에 속은 피해자입니다.

법원의 판단

판결에서 영철은 철수에게 **위자료 1,500만 원**을 지급하라고 합니다. 영희와 영철은 2년 동안 수회에 걸쳐 여행을 다니며 성관계를 한 사실이 인정됩니다. 영철은 부정행위 전에 부부의 혼인 관계는 철수의 가정폭력으로 이미 파탄된 상태였으므로 부정행위와 혼인 관계의 파탄 사이에 인과관계가 없다고 주장합니다. 영희가 철수에게 폭행을 당해 상해를 입은 사실, 철수의 폭행을 이유로 가정폭력 피해자 보호시설에 입소한 사실은 인정됩니다. 영희가 상해를 입은 시점은 부정행위가 시작된 이후로서 부부의 갈등의 주된 원인은 부정행위 및 영희의 늦은 귀가 때문이었습니다. 상해 사건은 벌금 700만 원의 약식명령이 나왔지만, 정식재판을 청구하여 상해가 철수의 폭행으로 인한 것임을 인정할 증거가 없었고, 영희가 철수의 처벌을 원하지 않는다는 의사를 표시하였다는 이유로 공소기각판결이 선고되어 확정됩니다. 부부의 혼인 관계가 부정행위 전에 파탄된 상태였다고 인정하기에는 증거가 부족하다고 합니다.

부부(영희♡철수)는 결혼 3년 차에 2명의 미성년 자녀를 두고 있습니다. 아내 영희(32)는 남편 철수(35)와 부정행위를 저지른 상간자 순희(30, 미혼)를 상대로 위자료 5천만 원을 청구하는 소송을 제기합니다. 영희는 철수와 이혼 의사는 없다고 합니다.

아내 영희의 입장

어느 날 남편의 속옷에 정액으로 추정되는 것이 묻어 있는 것을 보았고 수상하다는 생각이 들어 남편의 차량 블랙박스를 확인하면서 순희의 존재를 알게 됩니다. 순희는 남편의 직장 동료입니다. 남편은 퇴근 후 집 근처에 차를 세우고 순희와 통화하며 '내가 헤어질 때 마중을 뭐 안아 주고 뭐 그게 아니라고?'라는 말을 하여, 단순한 직장 동료 사이가 아니라는 사실을 알게 됩니다. 남편은 순희와 함께 퇴근하여 순희의 집까지 차량으로 데려다주었으며, 영희와의 영상통화에서는 거래처 사람을 만나 할 이야기가 있어 늦는다고 거짓말하고는 순희의 집까지 들어가 1~2시간 정도 보내고 나온다는 것을 확인합니다. 순희는 의심을 피하려고 업무용 전화로 연락을 취하였고, 남편은 통화 내역, 블랙박스 기록을 지우는 등 치밀함을 보였습니다. 남편은 부정행위가 발각된 이후 가출합니다.

상간자 순희의 입장

순희는 영희에게 상해를 당했다며 위자료 700만 원과 치료비를 청구하는 반소를 합니다. 영희는 야구방망이를 들고 순희를 찾아가 폭행합니다. 영희는 특수 상해로 재판을 받게 되었고, 징역 6개월에 집행유예 1년을 선고받고 확정됩니다.

법원의 판단

1심 판결에서 순희는 영희에게 **위자료 3천만 원**을 지급하고, 영희는 순희에게 **위자료 400만 원과 치료비**를 지급하라고 합니다. 순희의 불법행위로 영희에게 폭행당했으니 영희의 책임을 50%로 제한하면서, 치료비는 50%만 부담하라고 합니다. 이에 불복한 영희는 항소합니다.

항소심에서 조정을 한 번 하고 조정을 갈음하는 결정이 나옵니다. 본소와 반소를 함께 종결짓는 것이 간명한 점, 재판이 진행될 경우 위자료 액수에 대하여 위험부담이 있다는 점을 참작하여 결정한다고 합니다. 순희는 영희에게 **위자료 1,800만 원**을 지급하라고 합니다.

⚖ 최한겨레 변호사 Tip

상간자를 폭행, 협박을 했다가 범법자가 될 수 있고, 위자료를 지급해야 하는 상황이 올 수 있으니 주의해야 합니다.

부부(영희♡철수)는 결혼 11년 차에 2명의 미성년 자녀를 두고 있습니다. 아내 영희(39)는 남편 철수(37)와 부정행위를 저지른 상간자 순희(38, 미혼)를 상대로 위자료 3,500만 원을 청구하는 소송을 제기합니다.

영희의 입장

남편의 USB에서 남편이 어떤 여성과 다정하게 찍은 사진을 발견합니다. 남편은 '연수를 간다, 친구들과 골프 여행을 간다'라는 이유를 대며 외박을 하였지만, 실상은 순희와의 외도를 위한 여행을 다녀왔던 것이었습니다. 이 사건으로 남편과 이혼 이야기가 오고 갔지만 자녀들이 아직 어렸고, 남편은 '순희와의 관계가 다 정리되었다'라고 하였기에 남편을 믿고 심사숙고 끝에 혼인 관계를 지속하기로 합니다. 하지만 남편이 밤늦게까지 누군가와 통화를 하는 것을 발견하고 순희와 통화한 것은 아닌지 추궁하였더니 아니라고 둘러댑니다. 순희가 남편에게 보낸 이메일을 통해 내연관계로 지내고 있다는 것을 알게 됩니다.

순희의 입장

가정이 있는 철수와 만남을 유지해 온 사실로써 영희와 자녀에게 평생 잊을 수 없는 마음의 상처를 준 점은 인정하고 사죄합니다. 영희도 다른 남자와 광의의 부정행위를 한 사실이 있는 점, 철수가 영희에게 위자료 2천만 원을 지급한 점, 소송을 제기하면서 과다한 위자료 액수를 중복하여 청구한 점, 영희와 철수가 졸혼 계약을 맺었고 이는 법적 효력이 있다고 믿고 만남을 유지해 온 점, 이미 가정이 파탄 난 상태 이후의 만남은 손해배상책임을 물을 수 없는 점 등을 고려해 달라고 합니다.

법원의 판단

판결에서 순희는 영희에게 **위자료 1천만 원**을 지급하라고 합니다. 순희는 이 사건 졸혼 계약서 작성 이전에 발생한 철수의 사생활에 대해 법적으로 문제 삼지 않기로 하였으므로, 순희에 대해서도 이 사건 손해배상청구를 할 수 없다는 취지로 주장하나, 설령 영희와 철수 사이의 이 사건 졸혼 계약서에 그와 같은 약정이 들어 있다고 하더라도, 이 사건 졸혼 계약서의 당사자는 영희와 철수일 뿐, 순희는 그 당사자가 아니므로, 순희에게까지 이 사건 졸혼 계약서의 효력이 미친다고 볼 수 없습니다.

⚖ 최한겨례 변호사 Tip

우리 법원은 졸혼 계약서나 혼전 계약서 등에 효력이 있다고 보지 않습니다. 사람의 신분과 관련된 내용을 계약으로 취급할 수는 없다는 이유입니다.

부부(영희♡철수)는 결혼 6년 차에 1명의 미성년 자녀를 두고 있습니다. 아내 영희(36)는 남편 철수(39)와 부정행위를 저지른 상간자 순희를 상대로 위자료 3,001만 원을 청구하는 소송을 제기합니다. 소송하기 전에 영희와 철수는 이혼합니다.

아내 영희의 입장

남편의 직장 때문에 주말부부로 지냅니다. 남편이 40분 넘게 누구와 통화를 하는지 받지 않았고, 직감적으로 이상한 느낌이 들어 누구랑 그렇게 오래 통화하냐고 추궁하니 직장 동료와 통화했다고 합니다. 그 동료는 영희도 잘 아는 순희였습니다. 철수와 연애할 때 순희를 알고 있었고, 결혼식에 참석하고 아이 출산 선물을 사 주기도 해서 좋은 마음을 가지고 있었는데 배신을 합니다. 남편과 순희의 행동이 의심스러웠고, 통신사에 확인해 보니 남편과 순희가 수없이 통화한 내역들을 볼 수 있었고, 그제야 남편은 순희와의 불륜 사실을 털어놓습니다.

아내 순희의 입장

자신의 행위로 인하여 고통을 입었을 영희에게 진심으로 속죄하는 마음을 갖고 있습니다. 부부가 협의이혼 하기 전 철수와 만남은 다소 짧은 편이었고, 철수가 영희와 이혼하겠다는 말을 믿었으며, 영희와 이혼에 합의하고 집을 나온 이후 만났으니 영희의 가정이 깨지기만을 바라며 만남을 지속한 것은 아니라며 위자료 감액을 요청합니다.

법원의 판단

판결에서 순희는 영희에게 **위자료 1,700만 원**을 지급하라고 합니다. 재판에서 철수는 영희에게 6개월 동안 순희와 성관계를 포함한 외도를 한 사실을 인정한다는 취지의 각서를 작성합니다. 철수와 순희는 직장 상사와 부하 직원의 관계로 있었는데, 순희는 철수에게 '울 자기야 무슨 일 있는지 모르겠지만 올해는 우리 항상 건강하고 많이 사랑하자, 너무 고마워'라는 내용의 문자메시지를 보낸 것을 포함하여 애정을 표현하는 문자메시지를 여러 차례 보낸 사실이 밝혀집니다.

⚖️ 최한겨레 변호사 Tip

주말부부의 경우 부부가 좀 더 노력해야 합니다.

호스트바

부부(철수♡영희)는 결혼 7년 차에 2명의 미성년 자녀를 두고 있습니다. 남편 철수(37)는 아내 영희(39)와 부정행위를 저지른 상간자 영철(38, 미혼)을 상대로 위자료 5천만 원을 청구하는 소송을 제기합니다. 철수는 나홀로소송을 합니다.

남편 철수의 입장

아내가 사업을 시작하고 지인들과 어울리면서 호스트바에 다닌다는 사실을 알게 됩니다. 아내는 호스트바를 드나들면서 영철을 만났고, 지인들에게 애인이 생겼다고 이야기하더니, 이혼을 요구합니다. 이혼을 거부하자 아내가 이혼소송을 제기합니다. 이혼 소장을 보면 아내가 다른 남자를 만났다는 사실을 알고 원고가 운영하는 매장에 녹음 장치를 달아 놓거나 미행을 붙이는 등이라고 기재하면서 영철의 존재를 명확하게 밝히고 있습니다. 영철은 집으로 영희의 생일 축하한다며 꽃바구니와 케이크를 선물로 보냈는데, 화가 나서 영철에게 남편이 있는 집에 어떻게 생일 선물을 보낼 수 있냐고 항의하니 영철은 영희와 연인 사이라면서 함께 살겠다고 말합니다.

상간자 영철의 입장

자신의 행위로 인하여 고통을 입었을 철수에게 진심으로 속죄하는 마음을 갖고 있습니다. 영희와의 만남의 기간은 매우 짧고, 철수의 협박으로 정신적 고통이 상당하며, 위자료 액수도 과다하며 감액을 요청합니다.

법원의 판단

재판에서 영철에게 자필 사과문을 작성하여 제출하라고 합니다. 화해권고결정에서 철수에게 위자료 800만 원을 지급하라고 나왔지만, 철수는 위자료 액수가 적다며 이의신청을 합니다. 철수와 영희는 상간자 소송 중에 **이혼**합니다. 재판에서 철수는 영철이 기한 내로 **위자료 800만 원**을 지급하고 이를 지키지 않을 경우 위약별로 400만 원을 지급하는 것을 원한다고 합니다. 철수의 요청대로 화해권고결정이 나옵니다.

채팅 앱에서 만난 유부남 2

부부(영희♡철수)는 결혼 12년 차에 1명의 미성년 자녀를 두고 있습니다. 아내 영희(40)는 남편 철수(38)와 부정행위를 저지른 상간자 순희(미혼)를 상대로 위자료 5천만 원을 청구하는 소송을 제기합니다.

영희의 입장

남편과 순희가 채팅 앱을 통해 만나 연인 관계로 발전한 사실을 알게 됩니다. 순희는 남편에게 이혼을 요구하기도 하고, 진심을 보이라면서 수시로 연락하며 관계를 요구한 사실도 알게 됩니다. 남편은 가볍게 순희와 만나고자 했는데, 조용히 순희와 정리하고 헤어지려는 시도를 수차에 걸쳐서 했다고 합니다. 그럴 때마다 순희는 남편에게 불륜 관계를 알리겠다, 나를 가지고 놀았으니 정신적인 피해를 보상하라며 1천만 원을 요구했고, 남편은 순희에게 750만 원을 지급하기도 합니다.

순희의 입장

철수는 유부남임을 속이고 자신과 만났고, 철수가 유부남임을 알고 2달간 만난 사실은 인정하며 영희에게 미안하며 사과한다고 합니다.

법원의 판단

조정을 갈음하는 결정에서 순희는 영희에게 위자료 1천만 원을 2회 분할해서 지급하라고 합니다. 철수에게 연락 또는 접근하거나 불륜 사실을 인터넷에 게시하거나 이를 알리다가 발각되면 1 행위마다 영희에게 100만 원을 지급하라고 나옵니다. 영희는 조정을 갈음하는 결정에 불복하여 이의신청을 합니다. 1심 판결에서 영희에게 **위자료 2천만 원**을 지급하라고 합니다. 순희는 철수를 만나 교제하다가 유부남이라는 사실을 알게 되었고, 그 이후 영희가 철수의 아내라는 사실까지 알게 되었음에도 계속하여 철수와 부적절한 관계를 지속하였을 뿐만 아니라 수일간 여행을 다녀오기도 합니다. 순희는 철수와 관계를 회복하기 위해서 노력하였음에도 철수는 영희와 이혼할 의사가 없고 자신과의 만남도 더 이상 유지할 생각도 없음을 알게 되자, 영희에게 카카오톡 대화를 통한 문자메시지로 그동안 철수와 부적절한 관계에 있었다는 사실을 알리게 되었습니다.

이러한 순희의 행위는 그 각 대화를 시작하게 된 동기나 전후 경위, 그 대화 내용 등에 비추어 영희에게 자신의 부적절한 행위에 대해 진심으로 사과하거나 영희를 위로하기 위한 행위라기보다는 오히려 순희와의 관계의 단절을 시도하고 책임을 회피하고 있는 철수에 대한 보복의 감정이 크다고 보았습니다.

그리고 영희에게도 어떠한 정신적 고통을 주려고 시도하였거나 혹은 영희에게도 이러한 부적절한 관계를 상세하게 알림으로써 철수와 영희의 혼인 관계에 부정적 영향을 주어 철수가 어쩔 수 없이 이혼할 수밖에 없는 상황을 만들려고 하는 의도가 있었다고 볼 수밖에 없다고 합니다.

순희는 철수와의 관계가 완전히 단절된 이후 제3자에게 공개된 인터넷

게시판에 철수와의 부적절한 관계에 대해 상세한 글을 게시하면서 철수의 말을 원용하여 '영희가 평소 육아와 가정을 소홀히 함으로써 영희에게도 일부 혼인 파탄의 책임이 있다'라는 취지의 글도 함께 게시한 것은, 설령 순희에 대한 주변의 부정적 평가와 오해에 대해 순희의 입장을 해명하거나 철수의 주장에 대해 반박할 의도가 있었다고 하더라도, 영희의 명예를 훼손하거나 영희를 비방할 의도가 전혀 없었다고 보기 어렵다고 합니다.

영희에게 카카오톡으로 여러 번 철수와의 부적절한 관계가 있음을 알렸을 때 순희에게 앞으로는 더 이상 그러한 종류의 메시지를 보내거나 연락하지 말아 달라고 요청한 사실이 있음에도, 순희는 이러한 요청을 무시한 채 또다시 카카오톡을 통해 철수와 나누었던 상당히 많은 분량의 카카오톡 대화 내용 등을 편집하여 보냈고, 그 내용도 순희와 철수가 처음 관계를 시작하였을 무렵의 친밀한 남녀 관계의 대화 내용부터 그 이후 철수가 유부남이라는 사실을 알게 되어 관계가 악화되었을 때의 대화 내용까지 모두 망라되어 있는 점 등에 비추어, 순희가 이러한 대화 내용을 영희에게 보낸 행위 자체만으로도 영희에게 어떠한 정신적 고통을 주려는 의도가 있었다고 보아야 합니다. 순희의 이런 행위 중 철수가 유부남인 사실을 알게 된 이후에도 계속하여 부적절한 관계를 유지한 행위는 배우자인 영희에 대한 불법행위를 구성하고, 또 영희에게 여러 번 반복하여 철수와의 부정한 관계를 알린 행위 역시 그 목적은 영희의 혼인 생활에 부정적 영향을 미치게 하거나 영희에게 정신적 고통을 주기 위한 행위로 보이는 이상 그 자체로도 영희에 대한 불법행위를 구성하는 것으로 보아야 합니다.

순희가 철수와 부적절한 관계를 맺은 것으로 인한 손해배상책임은 철수와 공동으로 부담하는 책임인 점, 순희가 철수에게 손해배상을 요구하자 2

회에 걸쳐 750만 원을 지급한 점, 순희는 협박 및 정보통신망 이용촉진 및 정보보호 등에 관한 법률 위반(명예훼손)으로 약식기소 된 점, 순희가 철수를 무고 등으로 고소하였으나, 검찰에서 각하 처분을 받은 점, 순희의 불법행위의 횟수와 이로 인하여 예상되는 영희의 정신적 피해의 정도, 순희가 이러한 불법행위를 하게 된 동기 및 경위 등을 종합해 보면 손해배상금(위자료)의 액수는 2천만 원으로 정하는 것이 타당하다고 합니다. 순희는 1심 판결에 불복하여 항소하지만, **순희의 항소는 기각한다**고 합니다.

구상금 청구소송

순희는 철수를 상대로 구상금 1,500만 원을 청구하는 소송을 제기합니다. 판결에서 철수는 순희에게 **구상금 500만 원**을 지급하라고 합니다.

⚖️ **최한겨레 변호사 Tip**

불륜을 하였다면 절대 상대 배우자에게 알리면 안 됩니다. 이를 흔히 자폭이라고 표현하는데, 굳이 판도라의 상자를 열어 줄 필요는 없습니다.

구상금

부부(영희♡철수)는 결혼 12년 차에 1명의 미성년 자녀를 두고 있습니다. 아내 영희는 남편 철수(40)와 부정행위를 저지른 상간자 순희(40)를 상대로 위자료 2천만 원을 청구하는 소송을 제기합니다. 재판 중에 위자료를 3천만 원으로 증액하는 청구취지 및 청구원인 변경 신청을 합니다.

아내 영희의 입장

남편은 순희와 모텔에 투숙하여 성관계를 했고, 수많은 문자메시지를 주고받는 등 부부의 정조의무에 충실하지 않았습니다. 1달 만에 140여 차례나 통화한 통화 기록이 있습니다.

법원의 판단

순희가 입장을 밝히기 전에 화해권고결정이 나옵니다. 순희는 영희에게 위자료 1,500만 원을 3회 분할해서 지급하라고 합니다. 순희는 화해권고결정에 불복하여 이의신청을 하였고 자신의 입장을 밝힙니다.

상간자 순희의 입장

채팅방에서 철수를 알게 되었고, 철수는 가정이 있었지만 이혼하였다고 하였습니다. 철수가 소송을 제기한 것으로 의심된다며 이에 관한 판단이 필요합니다. 소 제기가 적법하더라도 철수가 이혼남이라고 속였고, 끊임없이 집착하였기에 부정행위의 책임이 없다고 합니다.

법원의 판단

판결에서 영희에게 **위자료 800만 원**을 지급하라고 합니다.

구상금 청구소송

순희는 철수를 상대로 구상금 600만 원을 청구하는 소송을 제기합니다. 판결에서 철수는 순희에게 구상금 214만 원을 지급하라고 합니다. 순희가 영희에게 지급해야 하는 판결금(위자료+지연손해금+소송비용)은 634만 원입니다. 판결에서 영희에게 지급해야 하는 위자료와 지연손해금은 840만 원인데, 여기서 50%인 420만 원을 철수가 부담하라고 합니다. 영희에게 지급한 판결금에서 철수의 부담분의 차액 **214만 원을 구상금으로** 지급하라고 합니다. (영희와 순희의 판결에서 소송비용은 영희가 75%, 순희가 25% 부담하라고 나옵니다.) 위자료만큼 소송비용을 어떻게 부담하느냐에 따라 판결금이 달라집니다.

무대응

부부(철수♡영희)는 결혼 6년 차에 1명의 미성년 자녀를 두고 있습니다. 남편 철수(30)는 아내 영희(29)와 부정행위를 저지른 상간자 영철(30)에게 위자료 2천만 원을, 영수(30)에게 위자료 3천만 원을 청구하는 소송을 제기합니다.

남편 철수의 입장

아내는 핸드폰 게임을 통해 영철과 만나 부정행위를 했고, 직장에서 만난 영수와 부정행위를 합니다.

상간자 영철의 입장

영희의 혼인 사실을 알지 못하고 만났으며, 혼인 사실을 알고 나서 바로 결별했다고 합니다.

상간자 영수의 입장

소장을 받았지만 대응하지 않습니다.

법원의 판단

철수와 영철 사이에 조정을 갈음하는 결정이 나옵니다. 영철은 철수에게

위자료 1천만 원을 3회 분할해서 지급하라고 합니다. 철수와 영수 사이에 화해권고결정이 나옵니다. 영수는 철수에게 위자료 1,500만 원을 지급하되, 이 돈은 영희와 영철과는 관계없다고 합니다. 하지만 영수가 화해권고결정문을 받지 않았고 판결이 나옵니다. 판결에서 영수는 철수에게 **위자료 1,500만 원**을 지급하고 소송비용도 영수가 부담하라고 합니다. 영수는 영희와 휴대전화로 다정한 대화를 주고받았고, 모텔에 투숙하였다가 철수에게 발각된 사실이 부정행위로 인정됩니다.

인정 근거—가사소송법 제12조, 민사소송법 제208조 제3항 제2호, 제150조 제3항에 의한 자백간주. (영수는 소장 부본을 직접 수령하여 송달받았으나, 이후 응소하거나 변론기일에 출석하지 아니하였다.)

⚖️ 최한겨레 변호사 Tip

소장을 받고 빨리 대응하지 않으면 원고의 청구가 그대로 인정이 되니 주의해야 합니다.

구속된 남편의 휴대전화

부부(영희♡철수)는 결혼 18년 차에 2명의 미성년 자녀를 두고 있습니다. 아내 영희는 남편 철수와 부정행위를 저지른 상간자 순희(42)를 상대로 위자료 5천만 원을 청구하는 소송을 제기합니다.

아내 영희의 입장

남편이 범죄로 실형을 선고받아 법정 구속되던 당시, 법원 경위로부터 철수의 휴대전화를 건네받게 되었고 그때 남편과 순희의 부정행위 사실을 처음 알게 됩니다. 휴대전화에는 순희와 다정하게 찍은 사진, 서로 애정 표현을 하며 주고받은 문자메시지 등이 셀 수 없이 많았으며 서로 여보, 자기라고 호칭하는 등으로 내연관계를 유지합니다.

상간자 순희의 입장

철수와는 사업상 일을 함께하다가 알게 되었고, 자주 만나면서 친해졌습니다. 부정행위를 인정하며, 영희에게 미안하고 사죄합니다. 철수가 이혼한 상태라고 알고 있었기에 법적인 문제가 되지 않는다고 믿고 만남을 유지해 온 점, 철수가 돌싱이 아닌 유부남인 사실을 알게 되었을 때는 이미 가정이 사실상 파탄 난 상태였기에 그 이후의 만남은 민사상 손해배상책임을 물을 수 없는 점을 고려해 달라고 합니다.

법원의 판단

재판 중에 화해권고결정으로 영희에게 위자료 2천만 원을 2회 분할 지급하라고 나오지만, 영희와 순희는 불복하여 이의신청을 합니다. 판결에서 순희는 영희에게 **위자료 2천만 원**을 지급하라고 합니다. 철수와 영희가 주고받은 카카오톡 메시지를 보면 철수가 유부남이라는 사실을 알면서 부정한 관계를 맺은 것으로 본다고 합니다. 순희는 철수와 부정행위를 할 당시이미 영희와 철수의 혼인 관계가 파탄되어 회복할 수 없는 상태였다고 주장하나, 순희가 제출한 증거들만으로는 이를 인정하기에 부족하다고 합니다.

부부(영희♡철수)는 결혼 1년 차입니다. 아내 영희(32)는 남편 철수(33)와 부정행위를 저지른 상간자 순희(30, 미혼)를 상대로 위자료 3천만 100원을 청구하는 소송을 제기합니다.

아내 영희의 입장

철수는 매장을 운영하였고, 순희는 직원으로 일하고 있었는데, 지인으로부터 철수와 순희가 팔짱을 끼고 나오는 것을 목격하였다는 말을 듣게 되면서 철수의 외도를 의심합니다. 철수를 추궁했지만, 부인으로 일관합니다. 매장에 방문하여 순희를 추궁했지만, 부정행위 사실을 완강히 부인하면서, 억울하다며 일을 그만두겠다고 합니다. 그러다 철수와 순희가 술을 마시고 순희네 집에서 밤을 보낸 사실을 순희로부터 듣게 되면서 큰 충격에 빠집니다. 재판 중에 철수를 증인으로 신청합니다. 재판에서 철수는 순희와 부정한 관계를 인정합니다.

상간자 순희의 입장

철수와 정식으로 만남을 시작한 사실조차 없으며, 영희는 이를 오해하여 심한 폭언 및 폭행까지 한 사실이 있고, 영희를 경찰에 고소합니다. 과장된 소문으로 경제적 활동에도 피해를 준 점, 정신적으로 힘든 하루하루를 보내고 있는 점, 영희와 철수의 관계가 회복되었다는 점을 고려해 달라고 합니다.

법원의 판단

재판 중에 화해권고결정이 나옵니다. 순희는 영희에게 **위로금 명목으로 800만 원**을 2회 지급하되, 1회라도 지체하는 경우 미지급금에 1천만 원을 가산한 돈과 지연손해금을 지급하라고 합니다. 「영희의 동의 없이는 철수에게 문자나 통화, 이메일 등 어떠한 방법으로도 연락을 취하지 않고, 철수에게 연락이 오는 경우에 이에 응하지 않는다. 위반하면 위반 횟수당 300만 원을 손해배상금으로 영희에게 지급한다. 서로에 대하여 형사고소, 고발 사건이 있는 경우 취소하기로 한다.」

구상금 청구소송

상간자 소송이 확정된 후 순희는 철수를 상대로 구상금 400만 원을 청구하는 소송을 제기했지만, 순희는 소송에서 패소합니다. 순희가 자기의 부담 부분을 초과하여 배상하였는지 여부에 관하여 살펴봐야 한다고 합니다. 영희는 순희와 철수의 부정행위를 원인으로 하여 순희를 상대로 제기한 손해배상 사건에서 위로금 명목으로 800만 원 및 지연손해금의 지급을 명하는 화해권고결정이 확정되었고, 위 화해권고결정에서 위자료의 액수를 정하면서 고려한 사정들을 살펴보면, 위 화해권고결정에서 정한 위자료의 액수는 피해자 영희가 입은 손해 중 순희가 부담하여야 할 부분을 정한 것으로 보일 뿐이고, 달리 순희가 자기의 부담 부분을 초과하여 손해를 배상하였다고 볼 증거가 없다며 순희의 청구를 받아들이지 않습니다.

순희의 손해배상청구

영희는 순희를 폭행하고 명예훼손을 한 혐의로 **벌금 200만 원**이 확정됩니다. 순희는 영희를 상대로 손해배상금 500만 원을 청구하는 소송을 제기하였고, 판결에서 영희는 순희에게 **손해배상금 200만 원**을 지급하라고 합니다.

술집에서 만난 유부남

부부(영희♡철수)는 결혼 5년 차에 1명의 미성년 자녀를 두고 있습니다. 아내 영희(35)는 남편 철수(37)와 부정행위를 지지른 상간자 순희(28, 미혼)를 상대로 위자료 3,100만 원을 청구하는 소송을 제기합니다.

아내 영희의 입장

남편은 이런저런 핑계로 술자리가 잦아지더니 귀가 시간이 계속 늦어졌고, 평소에 뿌리지 않던 향수까지 뿌리며 외모에 과도하게 집착하였습니다. 남편의 외도를 의심하다가 위치추적 앱을 통해 남편과 순희가 함께 있는 장면을 확인합니다. 남편을 추궁하였고, 처음에는 극구 부인하였으나, 결국 순희와 내연관계에 있다는 사실을 자백합니다.

상간자 순희의 입장

술집에서 일하다가 손님으로 온 철수와 처음 만났습니다. 부정행위를 인정하고 영희에게 미안하고 잘못을 인정합니다. 하지만 철수를 처음 만날 당시 유부남인 사실을 전혀 알지 못하였고, 유부남임을 알았을 때는 이미 가정이 파탄 난 상태라 할 수 있기에 손해배상책임은 없습니다. 설령 손해배상책임이 인정된다고 할지라도, 영희가 청구한 위자료 액수는 과다합니다.

법원의 판단

재판 중에 화해권고결정으로 순희는 영희에게 위자료 2,500만 원을 지급하라고 나왔지만, 영희와 순희는 화해권고결정에 불복하여 이의신청을 합니다. 판결에서 순희는 영희에게 **위자료 2,500만 원**을 지급하고 소송비용도 순희가 부담하라고 나옵니다. 철수와 순희가 함께 있었을 때 위치추적 앱을 사용하여 찾아온 영희와 마주치게 되어 적어도 그때부터는 철수가 유부남임을 알게 됩니다. 그 이후 철수가 유부남임을 알면서도 수차례 성관계를 갖고, 애정 표현이 담긴 메시지를 주고받는 등 연인 관계로 지내왔으며, 철수의 아이를 임신 후 낙태 수술한 사실도 밝혀집니다. 철수와 순희의 부정행위 이후 영희와 철수 사이의 혼인 관계가 파탄에 이르게 된 것으로 보인다고 합니다.

앱을 통해 만난 유부남 2

부부(철수♡영희)는 결혼 17년 차에 2명의 미성년 자녀를 두고 있습니다. 남편 철수(43)는 아내 영희(40)와 부정행위를 저지른 상간자 영철(37, 기혼)을 상대로 위자료 4천만 원을 청구하는 소송을 제기합니다.

남편 철수의 입장

아내가 휴대전화를 지나치게 자주 들여다보고 이를 숨기려 하는 일이 늘어났으며, 회식을 이유로 귀가가 늦는 일이 잦아진다는 점을 알게 됩니다. 당시 명확한 증거는 없었으나 무언가 이상하다는 느낌이 들던 차에, 아내와 다투는 일이 생겨 이를 기회로 아내가 직접 자신의 휴대전화를 건네주며 보라고 하여 확인할 기회를 얻게 됩니다. 카카오톡을 확인해 보았지만 특별한 점이 없었는데, 또 다른 앱에서 철수와 애정 표현을 하는 메시지를 주고받는다는 사실을 알게 됩니다. 영희는 영철과의 부정행위를 자백합니다.

상간자 영철의 입장

휴대전화 앱을 통해 영희를 만났고 일상을 공유하고 안부를 묻는 대화를 나눴지만, 실제로 만난 횟수는 많지 않고 자신도 유부남이기에 영희와 만나기 위해 시간을 맞추는 일이 쉽지 않았다고 합니다. 부정행위를 인정하고 철수에게 진심으로 속죄하는 마음입니다. 다만 영희와의 만남은 깊은 내연관계가 아니었고, 헤어진 뒤 연락조차 하지 않으며 피하고 있는 점, 가정이 깨지기만을 바라며 만남을 지속해 온 것은 아니라고 주장합니다.

법원의 판단

판결에서 영철은 철수에게 **위자료 1,500만 원**을 지급하라고 합니다. 재판에서 영희와 영철은 메신저를 이용하여 대화를 나누다가 가까워져 성관계를 했고 연인 관계로 발전한 사실이 밝혀집니다.

직장 내 불륜 3

　부부(철수♡영희)는 결혼 4년 차입니다. 남편 철수(33)는 아내 영희(32)와 부정행위를 저지른 상간자 영철(32, 미혼)을 상대로 위자료 3천만 100원을 청구하는 소송을 제기합니다.

남편 철수의 입장

　직장 때문에 주말부부로 지내다가 아내의 생일에 서프라이즈 선물을 하기 위하여 아내에게 말한 날짜보다 하루 앞당겨 집으로 갑니다. 집에 가니 거실에는 아내와 낯선 남자의 속옷이 보였고, 안방에서 뭔가 급하게 숨는 소리가 납니다. 아내는 겨우 잠옷만, 낯선 남자는 바지만 입고 숨어 있었습니다. 집에서 아내가 외도하는 현장을 보게 되면서 큰 충격에 빠집니다. 낯선 남자인 영철은 아내의 직장 동료였습니다. 영철을 주거침입죄로 형사고소를 하지만 대법원 판례가 변경되면서 무죄를 받습니다. 재판 중에 영희와 철수는 이혼소송을 하면서 사건은 가정법원으로 이송됩니다.

상간자 영철의 입장

　부정행위를 인정하고 철수에게 진심으로 속죄하는 마음을 갖고 있습니다. 철수가 부정행위라고 주장하는 기간에는 연인 관계가 아닌 직장 동료로서 지낸 기간이 상당 부분 차지하고 있고, 철수에게 발각된 이후에는 영희와 연락하지 않는다며 위자료 감액을 요청합니다.

법원의 판단

법원에서 재판을 한 번 하고 나서 화해권고결정이 나옵니다. 철수에게 위자료 1,400만 원을 지급하라고 나왔지만, 철수가 화해권고결정에 불복하여 이의신청을 합니다. 판결에서 영철은 철수에게 **위자료 1,500만 원**을 지급하라고 합니다. 영희와 영철은 직장 동료로서 9개월 동안 교제하면서 함께 모텔에 투숙하고 철수의 집에서 성관계하는 등 부정행위를 한 사실이 재판을 통해 밝혀집니다. 영희와 철수는 협의이혼 신고를 마침으로써 이혼합니다. 소송이 끝나고 얼마 뒤 영철은 새로운 연인을 만나 결혼했다고 합니다.

⚖️ 최한겨레 변호사 Tip

불륜 관계에서 주거침입죄.

2015년 2월 형법상 간통죄에 대해 위헌 결정을 내린 이후, 간통죄가 폐지되어 불륜에 대하여 형사처벌을 할 수 있는 근거가 없어졌습니다. 이러한 경우 주거침입죄가 이미 폐지된 간통죄를 대신하여 우회적 처벌 수단으로 사용되기도 했습니다. 2021년 9월 9일 대법원은 현 거주자의 현실적인 승낙을 받아 통상적인 출입 방법에 따라 집에 들어간 경우, 그 행위는 '침입'이 아니기 때문에 설령 다른 거주자의 의사에 반하더라도 주거침입이 성립하지 않는다고 합니다.

나이트클럽에서 만난 유부녀 2

부부(철수♡영희)는 결혼 12년 차에 2명의 미성년 자녀를 두고 있습니다. 남편 철수(46)는 아내 영희(40)와 부정행위를 저지른 상간자 영철을 상대로 위자료 3,100만 원을 청구하는 소송을 제기합니다.

남편 철수의 입장

아내는 평소와 다르게 귀가 시간이 늦어지기 시작하였는데, 친구와 만나 술을 먹는다면서 새벽에 들어오는 경우가 잦아졌고, 매장 운영에 점점 관심을 두지 않는 모습이었으며, 가정에도 무관심해지기 시작합니다. 아내의 휴대전화에서 영철과 서로 '자기'라고 부르고, '사랑해'라고 합니다.

상간자 영철의 입장

나이트클럽에서 영희를 만났지만, 서로 전화는 이따금 하였으나 단둘이 만난 적은 전혀 없습니다. 성관계를 한 사실이 없을 뿐만 아니라 스킨십은 전혀 없었습니다. 만남을 부인하는 것은 아니지만, 비교적 중하지 않기에 위자료 감액을 주장합니다.

조정에서 합의

철수와 영철은 조정에서 합의합니다. 영철은 철수에게 **위자료 1,500만**

원을 지급하되, 그중 300만 원을 먼저 지급하고, 12회 분할해서 100만 원씩 지급하기로 합니다. 하지만 영철은 위자료를 지급하지 않아 철수는 영철을 상대로 채권압류 및 추심명령 신청을 합니다.

⚖️ 최한겨레 변호사 Tip

원고의 입장에서 소송할 때 명심해야 할 것이 있습니다. 상간자의 주민등록번호를 반드시 확인해야 하며, 상간자의 주소를 믿지 말아야 합니다. 상간자의 인적 사항을 가졌으나 상간자를 특정하지 않고, 상간자의 주소지만 가지고 상간자 소송을 했다가 나중에 판결이 확정되고 상간자가 위자료를 지급하지 않는다면 채권압류나 부동산 가압류를 해야 하는 데 어려움을 겪을 수 있습니다.

온라인 커뮤니티

부부(영희♡철수)는 결혼 25년 차에 2명의 자녀를 두고 있습니다. 아내 영희(49)는 남편 철수(53)와 부정행위를 저지른 상간자 순희(53, 기혼)를 상대로 위자료 3천만 100원을 청구하는 소송을 제기합니다.

아내 영희의 입장

남편은 순희와 교제하면서 연락도 없이 귀가가 늦어지거나 거짓말을 일삼기 시작합니다. 남편과 순희가 주고받은 메시지를 통해 순희의 직장을 알게 되어 찾아갔지만 대면하지는 못합니다. 며칠 후 순희와 통화를 하게 되었고, 순희는 남편과 만나지 않겠다며 약속합니다. 하지만 순희는 약속을 어기고 남편과 지속적으로 연락하고 있다는 사실을 알게 됩니다.

상간자 순희의 입장

온라인 커뮤니티에서 운동, 볼링, 골프 등을 목적으로 운영되는 방에서 철수를 만났지만 교제한 사실은 없습니다. 영희의 오해로 인한 이 사건 소장 부본의 송달로 인하여 가정이 파탄에 이르렀습니다. 남편과 자녀가 상간 소장을 보게 되었고, 결혼 생활의 종지부를 찍게 되었습니다.

법원의 판단

판결에서 순희는 영희에게 **위자료 1천만 원**을 지급하라고 합니다. 재판에서 순희는 철수가 유부남이라는 사실을 알면서도 철수를 '자기'라고 부르고 전화로 애정 표현하는 등 이성 관계로 교제한 사실이 밝혀집니다.

남편이 채용한 유부녀 직원

부부(영희♡철수)는 결혼 15년 차에 1명의 미성년 자녀를 두고 있습니다. 아내 영희는 남편 철수와 부정행위를 저지른 상간자 순희(43)를 상대로 위자료 5천만 원을 청구하는 소송을 제기합니다.

아내 영희의 입장

남편의 사업 때문에 따로 생활하고 있었는데 남편이 고용한 순희와 부정행위를 저지르고 있다는 사실을 알게 됩니다. 남편이 생활하고 있는 집에 가 보니 여자의 긴 머리카락과 남편의 차량에서 보지 못했던 콘돔을 다수 발견합니다. 남편과 순희가 주고받은 카카오톡 메시지를 보게 되었고, 남편을 추궁하니 자백합니다. 순희와 만난 기간만 4년이 넘는다고 합니다. 남편과 순희는 업무 출장을 함께 다니며 수시로 영화도 보고 연인처럼 지낸 사실도 알게 됩니다.

상간자 순희의 입장

같은 여성으로서 영희에게 상처를 준 것에 대하여 크게 반성하고 있습니다. 영희의 주장과는 달리 만난 기간이 길지 않았고, 일정 때문에 자주 만나지도 않았습니다. 현재 철수와 만나지 않고 있으며, 영희는 소송을 진행하며 순희의 주변 사람들에게 허위의 사실을 알리고 피해를 주고 있으며 영희가 청구한 위자료는 너무 과다한 측면이 있습니다.

법원의 판단

판결에서 영희에게 **위자료 2,500만 원**을 지급하라고 합니다. 재판에서 영희와 철수는 25년 전 혼인신고를 마친 후 현재까지 법률상 혼인 관계를 유지하고 있는 사실, 순희는 철수와 같은 직장에 다니면서 철수가 유부남임을 알면서도 3년 전부터 철수와 친밀한 관계로 지내면서 그와 수시로 성관계를 하는 등의 부정행위를 한 사실이 밝혀집니다. 순희는 영희에게 각서를 써 주기도 했는데, 순희는 영희의 강압으로 작성했다며 그대로 믿을 수 없다는 취지로 주장하지만, 순희가 제출한 증거들만으로는 위 각서가 강압으로 작성된 것이라고 보기 어렵다고 합니다. 순희와 철수가 장거리 여행을 동행하거나 함께 영화를 보는 등 직장 동료 이상의 친밀한 관계로 지내면서 부정행위를 한 사실이 인정됩니다.

⚖️ **최한겨레 변호사 Tip**

불륜 행위를 한 사람 입장에서 절대 각서를 써 주면 안 됩니다. 반대로 배우자의 불륜 행위로 피해를 입은 사람이라면 반드시 각서를 받아 내야 합니다.

부정행위가 인정되지 않은 사건

부부(철수♡영희)는 결혼 11년 차에 3명의 미성년 자녀를 두고 있습니다. 남편 철수(34)는 아내 영희(33)와 부정행위를 저지른 상간자 영철(28, 미혼)을 상대로 위자료 5천만 원을 청구하는 소송을 제기합니다.

남편 철수의 입장

아내는 게임을 통해 알게 된 남성들과 연락을 주고받으면서 오프라인에서 실제로 게임도 하고 술도 마시고, 당구도 치면서 만나다가, 영철과 함께 부정행위에 이르게 됩니다. 아내의 부정행위로 이혼소송을 하게 되었고, 조정에서 이혼이 성립됩니다.

상간자 영철의 입장

게임에서 알게 된 영희가 배우자가 있는 사람이라는 사실은 전혀 알지 못했고, 영희와 성관계 등 부정행위를 한 사실이 없으며, 철수의 가정을 파탄 낸 사실이 전혀 없습니다. 영희와 함께 게임을 했다는 사실만으로 아무런 근거 없이 연인 관계였을 것으로 추측하고 의심하여 소송을 제기한 것으로 보이므로 철수의 청구를 기각해 달라고 합니다.

법원의 판단

1심 판결에서 철수에게 **위자료 1,700만 원**을 지급하라고 합니다. 재판에서 철수가 영희에게 영철과의 외도를 추궁하였고, 영희가 외도와 성관계 사실을 인정합니다. 철수는 영철에게 전화를 하였고, 철수의 전화를 받은 영철은 '어휴, 뭘 원해? 전화 한번 올 줄 알았다'라고 하였으며, 영희에게 '사랑해'라고 문자메시지를 보낸 이유에 대해서는 '만나고 있으니까'라고, 연애하고 있냐는 물음에 대해서 '아니 그냥 종종 만나는데, 왜?'라고 답합니다. 철수와 영희가 이혼하고 나서 영희는 영철과 동거하고 있다는 사실이 재판에서 밝혀집니다. 영철은 영희가 외도를 인정하면 철수가 협의이혼을 해 주겠다고 하여 영철과의 만남과 성관계 사실을 어쩔 수 없이 인정한 것이라고 주장하나, 쉽게 납득하기 어려울 뿐만 아니라 대화 전체의 내용과 취지에 비추어 영희가 단순히 상황을 모면하기 위하여 인정한 것으로 보기 어려운 점 등에 의하면, 영철은 영희가 배우자 있는 사람임을 알고도 영희와 부정한 행위를 하였고, 그로 인하여 철수 부부의 혼인 관계가 파탄에 이르게 됨으로써 철수가 큰 정신적 고통을 받았음은 경험칙상 명백하므로, 영철은 철수가 입게 된 정신적 고통을 금전적으로나마 위자할 의무가 있다고 합니다.

1심 판결에 불복하여 영철이 항소하였고, 철수는 부대항소를 합니다. 항소심 판결에서 1심에서 영철이 패소한 부분을 취소하고, 그에 해당하는 **철수의 청구를 기각**하며, 소송 총비용은 철수가 부담하라고 나옵니다.

1심 판결은 왜 뒤집혔을까요?

항소심 재판에서 영철과 영희는 몇 차례 만나면서 친밀한 관계에 있었

141

고 영철이 영희에게 직·간접적으로 호감을 표시하기도 한 것으로 보이기는 합니다. 그러나 한편, 영희가 철수에게 자신의 외도를 인정하기에 이른 경위와 맥락을 고려할 때 철수의 종용에 따라 허위로 진술하였을 가능성을 배제할 수 없고, 설령 그렇지 않더라도 영철을 외도의 상대방으로 지칭한 것으로 받아들이기는 어려운 점, 영희가 영철이 사는 동네에 몇 차례 방문한 사실은 확인되나, 여러 지인과 어울렸던 것으로 보이므로 위와 같은 사실만으로 영철을 만난 것이라고 단정할 수 없으며, 영희도 그 당시 자신이 기혼자임을 알지 못하는 다른 사람들을 만났다는 취지로 제1심에서 증언한 점 등에 비추어 보면, 철수가 제출한 증거만으로는 영철과 영희와의 관계에서 혼인의 본질에 해당하는 부부 공동생활을 침해하거나 그 유지를 방해하고 철수의 배우자로서의 권리를 침해하는 등의 부정행위를 하였다고 하기에는 부족하고 달리 이를 인정할 증거가 없으므로 철수의 청구는 더 나아가 살필 필요가 없다고 합니다. 철수는 항소심 판결에 불복하여 대법원에 상고했지만 심리불속행 기각 결정이 나오면서 소송은 2년 5개월 만에 확정됩니다.

⚖️ 최한겨레 변호사 Tip

1. 부대항소

민사소송법 제415조 "1심 판결은 그 불복의 한도 안에서 바꿀 수 있다"라고 정하고 있습니다.

불이익 변경 금지의 원칙이라고도 하는데, 항소심에서 항소하는 사람에게 불이익하게 판단하지 말라는 이야기입니다. 철수와 영철의 1심 판결에서 위자료 1,700만 원이 나왔는데 항소심에서 그 이상의 위자료가 나오면 안 된다는 말입니다. 부대항소는 이럴 때, 법원이 내가 1심에서 패소한 부분도 같이 판단해 달라고 하는 항소입니다. 그러면 철수는 3,300만 원은 패소했으니 위자료가 더 올라갈 수 있습니다. 하지만 영철이 항소를 취하하면 철수의 부대항소도 효력을 잃게 됩니다. 만약 1심에서 패소한 부분에 불복한다면 항소를 해야 합니다. 상대방과 모두 항소하면 쌍방 항소가 되며, 상대방이 항소를 취하하더라도 항소심은 계속 진행됩니다.

2. 심리불속행 기각

형사사건을 제외한 상고 사건 가운데 상고이유에 관한 주장이 법이 규정한 특정한 사유를 포함하지 않으면 심리를 하지 않고 상고를 기각하는 제도입니다.

다만 대법원은 상고 기록을 받은 날부터 4개월 이내에만 심리불속행 기각 판결을 내릴 수 있습니다. (상고심절차에관한특례법 제6조 제2항)

부부(영희♡철수)는 결혼 19년 차에 3명의 자녀를 두고 있습니다. 아내 영희(54)는 남편 철수(47)와 부정행위를 저지른 상간자 순희(46)를 상대로 위자료 2천만 원을 청구하는 소송을 제기합니다. 재판 중에 위자료를 4천 만 원으로 증액하면서 단독 사건 재판부로 사건은 재배당됩니다.

아내 영희의 입장

남편의 휴대전화 사진 파일에서 해외에서 직장 동료인 순희와 다정하게 촬영한 사진을 발견하게 되었고, 남편이 사 준 옷과 똑같은 옷을 순희도 입고 있는 사진도 있었습니다. 남편을 추궁하니 다른 동료 직원들과 함께 간 여행 또는 교육 중에 촬영한 사진이라며 발뺌합니다. 남편의 휴대전화에 위치추적 앱을 설치하기로 합의합니다. 남편이 순희네 집에 들렀다가 오는 것을 확인하는데, 남편은 영업하러 간 것이라고 둘러댑니다. 그러다 우연히 남편이 예전에 쓰던 휴대전화에서 순희와 통화 녹음파일을 확인하게 됩니다.

상간자 순희의 입장

철수와 부적절한 만남을 하여 영희에게 마음의 상처를 준 점에 대해 반성하고 있고, 진심으로 속죄하는 마음을 갖고 있습니다. 수차례 철수와 헤

어지려고 했으나, 철수와 금전적인 관계 외에 부적절한 관계를 유지하고
있지 않은 점, 영희의 협박으로 상당한 정신적 고통을 받고 있다는 점을 위
자료 산정에 고려해 달라고 합니다.

법원의 판단

재판 중에 화해권고결정이 나옵니다. 순희는 영희에게 **위자료 1,300만
원**을 지급하고, 철수를 상대로 한 구상금 채권을 포기하라고 합니다.

⚖️ **최한겨레 변호사 Tip**

위치추적 앱을 설치하거나 불법적인 방법을 통하여 배우자의 위치를 추
적하면 형사처벌을 받을 수 있으니 주의하셔야 합니다.

결혼 전 연인

부부(영희♡철수)는 결혼 13년 차에 2명의 미성년 자녀를 두고 있습니다. 아내 영희(39)는 남편 철수(43)와 부정행위를 저지른 상간자 순희(43)를 상대로 위자료 3,100만 원을 청구하는 소송을 제기합니다. 상간자 소송 중에 영희와 철수는 이혼합니다.

아내 영희의 입장

남편이 결혼하기 전 순희와 교제하던 연인 사이였는데, 혼인한 이후에 다시 만나, 불륜 관계를 이어 왔다는 것을 남편의 휴대전화 카카오톡 메시지를 통해 알게 됩니다. 순희는 부정행위 사실이 발각된 후에 남편이 유부남인 줄 몰랐다고 거짓말을 하였고, 반성하기는커녕 '전화하는 이유가 뭐예요?'라고 반문하며 당당한 태도를 보입니다.

상간자 순희의 입장

같은 여성으로서 영희에게 상처를 준 점에 대하여 깊이 반성하고 있습니다. 영희와의 통화에서 너무 당황하여 부정행위를 부인하였지만, 이제라도 사과한다고 합니다. 부정행위 기간이 다소 단기간인 점, 더 이상 철수와 만남을 가지지 않은 점, 철수의 사정을 오해한 점, 영희가 청구한 위자료 액수는 과다하니 감액을 요청합니다.

법원의 판단

판결에서 순희는 영희에게 **위자료 1,800만 원**을 지급하라고 합니다. 재판에서 순희는 예전에 철수와 교제하던 사이로, 해외 파견근무 중이던 철수로부터 연락을 받게 된 이후 철수와 장시간 통화합니다. 순희는 철수가 귀국하자 철수와 함께 식사하면서 가깝게 지냈는데 그 무렵 철수에게 배우자와 자녀들이 있다는 사실을 알게 됩니다. 그럼에도 순희와 철수는 '자기'라는 호칭을 사용하며 '자기 먹고 싶다', '자기가 너무 예뻐해 줘서 입술이 부르텄어', '계속 예뻐해 줘, 나도 더 예뻐해 줄게요', '자기야 보고 싶다, 자기 옆에 있고 싶어, 새벽에 오면 안 돼?' 등의 문자메시지를 주고받았다는 사실이 밝혀집니다.

⚖️ **최한겨레 변호사 Tip**

과거에 만났던 이성 친구와 부정행위를 하는 경우가 많습니다. 헤어진 이유를 생각하시고 절대 그러지 마시길 바랍니다.

오해라고 주장하는 상간녀

부부(영희♡철수)는 결혼 7년 차에 2명의 미성년 자녀를 두고 있습니다. 아내 영희(26)는 부정행위를 저지른 남편 철수(48)와 이혼과 위자료 3천만 원, 철수와 부정행위를 저지른 상간자 순희(43)를 상대로 위자료 2천만 원을 청구하는 소송을 제기합니다.

아내 영희의 입장

남편과 나이 차이가 많이 났지만, 좋은 감정을 느꼈고, 아이를 임신했는데, 남편은 재혼한 사실을 말해 줬으나 혼인신고를 하는 과정에서 남편이 말한 혼인 기간과 큰 차이가 있었기에 신뢰가 떨어지기 시작합니다. 남편의 부정행위, 가사와 양육에 대한 무관심, 폭력 행위 등의 부당한 대우로 인하여 가정이 파탄 났습니다.

남편 철수의 입장

아내의 주장은 사실이 아니며 순희와는 고향 친구 사이일 뿐 그 이상도 그 이하도 아닙니다. 아내는 폭언 및 폭행, 부정행위, 사치와 낭비, 자녀들의 양육 및 가정생활을 등한시했기에 아내의 이혼소송에 반소를 합니다.

상간자 순희의 입장

영희가 부정행위로 오해하고 있다고 합니다. 오해의 소지를 준 사실이 있다면 이 또한 광의의 부정행위에 들어가는 행위임은 인정하고 이런 부분에 대하여 영희에게 사과해야 할 것이지만, 가정 파탄의 원인은 아닙니다.

법원의 판단

판결에서 영희와 철수는 **이혼**하고, 철수는 영희에게 **위자료 3천만 원**을 지급하고 그중 **1천만 원은 순희와 공동하여** 지급하라고 합니다. 재판에서 철수의 차량 블랙박스에서 철수가 순희를 태우고 외지로 나가 돌아다닌 후 모텔에 들어간 사실이 밝혀집니다. 철수는 순희를 모텔에 데려다주고 결제를 대신해 주고 바로 나왔다고 주장하지만, 재판부는 철수와 순희의 말을 믿기에는 증거가 없습니다. 이 사건으로 철수와 영희는 별거하고 있고, 자녀들은 순희가 양육하고 있습니다. 철수와 영희는 회복할 수 없을 정도로 악화되어 파탄에 이르렀다고 봄이 타당하며, 혼인 파탄의 주된 책임은 철수에게 있다고 합니다. 철수와 순희가 여행지에서 팔짱을 끼고 걷다가 다시 함께 차량에 탑승하고, 해가 져 완전히 어두워진 이후 함께 모텔에 들어간 사실이 인정됩니다.

나이트클럽에서 만난 유부녀 3

부부(영희♡철수)는 결혼 19년 차에 2명의 미성년 자녀를 두고 있습니다. 아내 영희(46)는 남편 철수(52)와 부정행위를 저지른 상간자 순희(43, 기혼)를 상대로 위자료 2천만 원을 청구하는 소송을 제기합니다.

아내 영희의 입장

남편과 순희는 나이트클럽에서 만나 교제를 시작합니다. 부정행위는 순희의 배우자에게 먼저 발각됩니다. 순희의 배우자가 먼저 남편에게 상간자 소송을 하였고, 판결에서 남편은 순희의 배우자에게 위자료 1,200만 원을 지급하라고 합니다. 이 사건으로 남편과 별거 중인 상황이고, 상간자 소송이 끝나면 혼인 생활을 정리할 계획입니다.

상간자 순희의 입장

철수와 부적절한 만남을 하여 영희에게 상처를 준 점에 대해 반성하고 있고, 진심으로 속죄하는 마음을 갖고 있습니다. 다만 철수의 적극적인 호감 표시로 만남을 하게 된 점, 그 기간은 다소 짧은 점, 더 이상 철수와 만나지 않고 있다는 점을 위자료 산정에 고려해 달라고 합니다.

법원의 판단

재판 중에 화해권고결정이 나옵니다. 순희는 영희에게 **위자료 1,200만**
원을 지급하라고 합니다.

부부(영희♡철수)는 결혼 17년 차에 2명의 미성년 자녀를 두고 있습니다. 아내 영희(44)는 남편 철수(48)와 부정행위를 저지른 상간자 순희(45)를 상대로 위자료 5천만 원을 청구하는 소송을 제기합니다.

아내 영희의 입장

남편과 순희는 결혼하기 전부터 알던 사이입니다. 순희는 '니네 신랑 결혼하고부터 지금까지 계속 만나 왔고, 지금도 같이 있다'라는 충격적인 말을 전합니다.

상간자 순희의 입장

이혼 중이고 별거하고 있다는 철수의 말을 너무 쉽게 믿어 버린 자신 역시 억울한 부분이 있고, 상당 기간 별거 중인 상태였으므로 영희의 가정은 실질적으로 파탄 난 상황이었기에, 불법행위책임이 없습니다. 혼인 파탄에 기여하였더라도, 영희와 작성한 합의서에 따라 위자료 명목으로 5천만 원을 지급했습니다.

법원의 판단

판결에서 순희는 영희에게 **위자료 2천만 원**을 지급하라고 합니다. 재판에서 순희는 철수에게 임차보증금 일부로 5천만 원을 빌린 사실이 밝혀집니다. 영희와 철수, 순희는 부정행위 등과 관련하여 합의서를 작성하고 공증을 받습니다. 합의서에는 순희가 철수에게 빌린 차용금 5천만 원을 영희에게 지급한다는 내용입니다. 합의서를 작성한 이후에도 철수와 순희는 만남을 가지는 등 교제합니다. 순희는 철수가 영희와 혼인한 당시부터 10여 년이 넘는 기간 동안 배우자 있는 사람임을 알면서도 철수와 교제를 하는 등 부정행위를 하여 왔고, 영희에게 직접 전화를 하기도 하였던 점, 영희는 철수의 부정행위 등으로 인하여 더 이상 철수를 만나거나 연락을 하지 않는다는 내용의 이 사건 합의서를 작성하였던 사실, 그럼에도 위 합의서 작성 이후에도 순희는 철수와 만남을 가지는 등 불법행위를 이어 왔으므로, 영희의 부부 공동생활을 침해하거나 그 유지를 방해하였다고 할 것이고, 그로 인하여 영희가 정신적 고통을 받았으리라는 점은 경험칙상 충분히 추인된다고 합니다.

오픈 채팅방

부부(철수♡영희)는 결혼 8년 차에 2명의 미성년 자녀를 두고 있습니다. 남편 철수(41)는 아내 영희(38)와 부정행위를 저지른 상간자 영철(39)을 상대로 위자료 4천만 원을 청구하는 소송을 제기합니다.

남편 철수의 입장

아내와 영철은 카카오톡 오픈 채팅방을 통해 처음 만나 1년 넘게 부정행위를 저지릅니다. 영희와 이혼할 생각은 없습니다.

상간자 영철의 입장

조정을 통해 철수와 합의를 원한다고 합니다.

조정에서 합의

「철수는 **소를 취하**하고 영철은 이에 동의한다. 영철은 영희와 어떠한 연락(전화, 문자메시지, SNS 등 포함)이나 만남을 갖지 아니한다. 이를 위반하는 경우 위반행위 1회당 위약벌로 100만 원씩을 철수에게 지급한다.」 영철의 배우자가 영희를 상대로 맞소송을 합니다. 두 부부가 이혼하지 않으면서 이러한 결과가 나올 수 있었습니다.

불륜 상대방에게도 배우자가 있는 경우 나의 배우자도 역소송당할 수 있습니다. 결국 변호사만 돈을 버는 일이 생기기에 원만히 합의하는 경우도 있습니다.

부부(철수♡영희)는 결혼 10년 차에 2명의 미성년 자녀를 두고 있습니다. 남편 철수(42)는 아내 영희(45)와 부정행위를 저지른 상간자 영철(45)을 상대로 위자료 3,100만 원을 청구하는 소송을 제기합니다.

남편 철수의 입장

아내의 휴대전화에서 영철이 보낸 메시지를 보게 되었는데 '울 애인 영희 사랑해 잘 자'라는 메시지였습니다.

상간자 영철의 입장

영희와는 고향 친구이며 영희와 성관계를 포함한 어떠한 부정행위를 저지른 사실이 없고, 오히려 영희로부터 철수의 가정폭력에 대한 하소연을 들었습니다. 철수와 영희의 혼인 관계는 철수의 가정폭력, 의처증으로 인하여 실질적으로 파탄 난 상태였으므로, 영희와 만남을 가졌다 하더라도 부정행위에 해당한다고 보기 어렵습니다.

법원의 판단

판결에서 영철은 철수에게 **위자료 1,500만 원**을 지급하라고 합니다. 재판에서 영희와 영철이 4개월 정도 부적절한 만남을 가진 사실이 밝혀집니다. 철수와 영희가 이 사건 부정행위가 있을 무렵까지 두 자녀와 함께 가족 여행을 다니는 등 혼인 관계가 유지되었다고 보이는 점, 영희가 이 사건 부정행위 기간에도 철수에게 안부 문자메시지를 보내고 자녀들과 떨어져 있을 때도 보고 싶고 사랑한다는 내용의 문자메시지를 보낸 사실, 오히려 영희가 부부 싸움 중에 법원에서 철수에 대한 접근금지명령을 받기도 한 점을 보면 영희의 혼인 관계가 철수의 가정폭력, 의처증으로 인하여 파탄이 난 상태라고 보기 어렵다고 합니다.

부부(영희♡철수)는 결혼 2년 차에 사실혼 관계의 부부입니다. 아내 영희(30)는 남편 철수와 부정행위를 저지른 상간자 순희(32, 미혼)를 상대로 위자료 3천만 100원을 청구하는 소송을 제기합니다.

아내 영희의 입장

남편과 순희는 결혼 전부터 부적절한 관계를 가져 직접 통화하며 주의하겠다고 약속하였는데, 결혼한 이후에도 모텔에서 성관계를 갖는 등 부정행위를 하여 사실혼 관계를 파탄에 이르게 했습니다.

상간자 순희의 입장

헌팅 주점에서 철수를 만나 서로를 알게 된 뒤 관계가 발전하여 교제를 시작하게 되었습니다. 그때는 철수가 유부남이라는 사실을 몰랐고 5개월 정도 만나다가 헤어졌습니다. 철수와 만남을 가진 점에 대해 진심으로 반성하고 있습니다. 철수는 영희에게 사실혼 파탄의 책임을 지고 위자료 3천만 원을 지급하였는데 그중 2,500만 원은 자신이 부담하였다고 합니다.

법원의 판단

판결에서 순희는 영희에게 **위자료 800만 원**을 지급하라고 합니다. 순희는 합의에 따라 철수가 영희에게 위자료를 지급하였으므로, 영희에 대한 손해배상채무와 부진정연대채무의 관계에 있는 순희의 영희에 대한 손해배상채무가 모두 소멸하였다고 주장합니다. 합의에는 철수가 영희에게 위자료 및 재산분할로 얼마를 지급한다는 내용이 있을 뿐이어서, 영희가 철수로부터 지급받은 위자료 및 재산분할금의 액수를 항목별로 구분하여 확정하기 어렵다고 합니다. 합의 내용을 고려하면 철수의 손해배상채무와 부진정연대채무의 관계에 있는 순희기 영희에 대한 손해배상채무가 전부 변제되었다고 보기 어렵다고 합니다.

⚖️ **최한겨레 변호사 Tip**

제3자가 부부의 일방과 부정행위를 함으로써 혼인의 본질에 해당하는 부부 공동생활을 침해하거나 유지를 방해하고 그에 대한 배우자로서의 권리를 침해하여 배우자에게 정신적 고통을 가하는 행위는 원칙적으로 불법행위를 구성합니다. 이러한 법리는 사실혼 관계에 대하여도 마찬가지로 적용됩니다.

사례 68 직장 내 불륜 4

부부(영희♡철수)는 결혼 4년 차에 3명의 미성년 자녀를 두고 있습니다. 아내 영희(39)는 남편 철수(32)와 부정행위를 저지른 상간자 순희(32, 기혼)를 상대로 위자료 3천만 원을 청구하는 소송을 제기합니다. 상간자 소송을 하면서 남편에게 이혼 청구를 합니다.

아내 영희의 입장

남편은 이직 후 누군가와 수시로 메시지를 주고받습니다. 순희라고 저장된 여성과 연락한다는 것을 알게 되었고 누구냐고 물어보니 회사 여직원인데 입사 후 모르는 것이 많아 물어보는 것이라고 둘러댑니다. 우연히 남편과 순희가 주고받은 메시지를 보게 되었는데, 수차례 성관계를 가지며 부정한 행위를 하였음을 알게 됩니다.

상간자 순희의 입장

이 사건으로 마음의 고통을 입었을 영희에게 진심으로 속죄하는 마음입니다. 그러나 이미 이혼 절차를 앞두고 있다는 철수의 설득에 의해 만나게 된 점, 교제 기간이 2개월 정도에 불과한 점, 영희네 가정의 파행은 영희의 의부증과 생활 습관의 차이로 인한 철수와의 오래된 불화에 기인한 점 등을 참작해 주시길 간청합니다.

법원의 판단

판결에서 순희는 영희에게 **위자료 1,500만 원**을 지급하라고 합니다. 재판에서 순희는 철수가 유부남이라는 사실을 알면서도 이성 교제를 하였고 성관계를 한 사실이 밝혀집니다. 순희는 영희와 철수는 이미 실질적으로 부부 공동생활의 파탄으로 회복할 수 없는 상태에 이르러 있었다고 주장하나, 증거는 없습니다. 상간자 소송 중에 영희와 철수는 이혼합니다. 순희와 철수가 부정행위를 하여 영희의 배우자로서의 권리를 침해하였고, 이는 영희와 철수가 이혼하게 된 데에 결정적인 원인이 되었다고 볼 수 있으므로, 순희는 영희에게 그로써 정신적 고통을 가한 불법행위로 인한 손해배상책임이 있다고 합니다.

협의이혼

　부부(철수♡영희)는 결혼 5년 차에 1명의 미성년 자녀를 두고 있습니다. 남편 철수(38)는 아내 영희(33)와 부정행위를 저지른 상간자 영철(36, 미혼)을 상대로 위자료 4천만 원을 청구하는 소송을 제기합니다.

남편 철수의 입장

　아내와 영철이 주고받은 문자메시지를 통해 부정행위를 알게 됩니다. 성관계를 암시하는 내용의 카카오톡 메시지를 주고받은 사실이 있으며 여보라는 호칭을 주고받기도 합니다. 아내의 부정행위로 협의이혼이 진행 중입니다.

상간자 영철의 입장

　이 사건으로 마음의 고통을 입었을 철수에게 진심으로 속죄하는 마음입니다. 그러나 이미 철수의 가정이 파탄 난 이후에 영희를 만났습니다. 이를 인정하지 않더라도 부정행위 기간은 철수의 주장(1년)과 달리 4개월인 점, 가정의 파행은 철수의 무자비한 폭행과 폭언 및 육아에 대한 무관심으로 시작된 점과 자신의 도움으로 인해 생을 마감하려던 영희가 다시 웃으며 살 수 있게 된 점 등을 참작해 달라고 합니다.

법원의 판단

재판 중에 화해권고결정이 나옵니다. 영철은 철수에게 위자료 1,500만 원을 지급하라고 나왔지만, 철수가 화해권고결정에 불복하여 이의신청을 합니다. 판결에서도 영철은 철수에게 **위자료 1,500만 원**을 지급하라고 합니다.

⚖️ **최한겨레 변호사 Tip**

불법행위로 입은 정신적 고통에 대한 위자료 액수에 관하여는 사실심 법원이 여러 사정을 참작하여 그 직권에 속하는 재량에 의하여 이를 확정할 수 있습니다. (대법원 2002. 11. 26. 선고 2002다43165)

통신비밀보호법 위반

부부(철수♡영희)는 결혼 8년 차에 2명의 미성년 자녀를 두고 있습니다. 남편 철수(38)는 아내 영희(31)와 부정행위를 저지른 상간자 영철(33, 기혼)을 상대로 위자료 3,010만 원을 청구하는 소송을 제기합니다.

남편 철수의 입장

아내와 영철은 같은 회사, 같은 팀에서 일하는 사이로서, 영철 역시 배우자와 자녀가 있는 기혼자 임에도 불구하고 아내와 부정행위를 저질렀습니다. 아내는 회식을 핑계로 1주일에 2~3번씩 퇴근 시간을 훨씬 넘긴 새벽 1시에서 2시에 귀가하기 시작합니다. 늦은 귀가를 할 때마다 아내는 택시를 이용해서 집으로 돌아왔다고 이야기하였고 그 말을 믿었습니다. 그러나 아내가 걱정되어 집 밖에서 기다리다가 영철의 차량으로 귀가하는 모습을 목격합니다. 아내에게 거짓말을 한 이유에 관해서 물었고, 오해할까 봐 거짓말을 했다고 변명합니다. 아내는 영철과 통화할 때 '여보', '사랑한다' 등의 애칭을 사용하고 평범한 직장 동료들 사이였다면 할 수 없는 사생활과 관련된 긴밀한 대화를 서슴없이 합니다. 영철을 찾아가 추궁하였고, 아내와의 부정한 관계를 인정합니다. 이 사건으로 아내와 자주 다투게 되었고, 아내는 이혼을 요구하였고 협의이혼 신청을 하기에 이르렀습니다. 아내는 집을 나가 별거 중입니다.

상간자 영철의 입장

영희와 조금의 부정한 관계를 가진 사실이 없습니다. 그저 직장 동료 중 하나로서 영희의 고민을 들어주고 위로의 말을 건넸을 뿐입니다. 남편의 입장에서 영희가 다른 남자와 속 깊은 이야기를 하는 것이 감정적으로 불쾌할 수 있다는 점은 이해합니다. 조금 더 신중하게 행동하지 못한 점에 대하여 사죄의 마음을 전합니다.

법원의 판단

영철은 철수에게 **위자료 1천만 원**을 지급하라고 합니다. 영희와 영철은 통화하면서 영철을 '여보'라고 부르고, '생명의 은인이라고 더 사랑하게 되네, 귀여워, 여보랑 같이 살면 피곤할 것 같긴 해'라고 말합니다. 철수는 영철을 직접 만나 위 통화 내용 등에 대하여 따졌는데, 영철은 위 통화 내용이 문제가 될 수 있다는 것을 인정하면서 철수에게 사과합니다. 영철은 철수가 제출한 증거가 위법 수집 증거이므로 증거로 사용할 수 없다는 취지로 주장하나, 자유심증주의가 적용되는 민사소송 절차에서는 형사소송법의 법리에 따른 위법 수집 증거의 증거능력 배제 법칙이 적용되지 않고, 가사소송 절차에 관하여도 마찬가지이므로(가사소송법 제12조), 영철의 주장은 받아들이지 않습니다.

영철의 형사고소

철수는 통신비밀보호법 위반으로 재판을 받았고 판결에서 **징역 6개월 및 자격정지 1년의 선고유예**가 나옵니다. 철수는 집과 차량에 아내와 다른 사람들의 대화 내용을 녹음하기 위하여 녹음기를 숨겨 두었지만, 아내에게 발각되면서 미수에 그칩니다. 철수가 피해자들의 전화 통화 내용을 단순히 녹음한 것에 그치지 아니하고 이를 소송자료로 제출한 점, 피해자들(아내와 상간자)과 합의하지 않은 점 등은 철수에게 불리한 정상입니다. 다만, 철수가 아내의 부정행위에 대한 의심을 확인하려는 상황에서 대화를 녹음하게 된 것이고, 녹음한 대화 내용을 피해자들과의 소송 과정에서 증거로 제출하였을 뿐 다른 곳에 이를 공개한 것으로 보이지 않는 점, 미수에 그친 점, 자신의 범행을 모두 인정하고 있는 점, 초범인 점 등을 종합적으로 고려하여 형을 정한다고 합니다.

⚖️ 최한겨레 변호사 Tip

실질적으로 부부 공동생활이 파탄되어 회복할 수 없을 정도의 상태에 이르렀다면, 제3자가 부부의 일방과 성적인 행위를 하더라도 이를 두고 부부 공동생활을 침해하거나 유지를 방해하는 행위라고 할 수 없습니다.

동호회에서 만난 유부녀

부부(철수♡영희)는 결혼 17년 차에 2명의 미성년 자녀를 두고 있습니다. 남편 철수(48)는 아내 영희(46)와 부정행위를 저지른 상간자 영철(44)을 상대로 위자료 3천만 원을 청구하는 소송을 제기합니다.

남편 철수의 입장

철수 부부는 영철과 탁구 동호회에서 처음 만납니다. 만난 지 얼마 되지 않아 영철이 아내에게 카카오톡 메시지를 보낸 것을 보게 되었고, 이에 철수는 영철에게 전화를 해 아내에게 개인적으로 전화하지 말라고 얘기합니다. 하지만 두 사람이 통화하는 것을 우연히 듣게 됩니다. 아내는 부정행위를 자백하였고, 아내와 영철이 주고받은 메시지를 부정행위 증거로 제출합니다.

상간자 영철의 입장

이행권고결정이 나왔는데 이행권고결정서를 수령한 영철은 이의신청을 합니다. 자신의 행위로 인하여 고통을 입었을 철수에게 진심으로 속죄하는 마음을 갖고 있습니다. 그러나 영희가 별거하는 상태이고 아이들을 위하여 서류상 이혼하지 않았을 뿐이라고 믿은 점, 영희와 한 달 정도 만난 것에 불과한 점, 성관계는 없었다는 점, 계속하여 연락한 것은 영희인 점을 고려하여 달라고 합니다.

법원의 판단

판결에서 영철은 철수에게 **위자료 1,500만 원**을 지급하라고 합니다.

⚖ 최한겨레 변호사 Tip

이행권고결정.

소액사건의 소장을 접수하면 판사가 이를 심사하여 피고에게 청구취지대로 이행할 것을 권고할 수 있습니다. 이 경우 법원은 이행권고결정서를 피고에게 송달합니다. 피고 주소지 변경 등으로 법원에서 이행권고결정서를 송달할 수 없는 경우 원고는 변론기일 지정 신청을 하여 소액사건 재판 절차를 진행할 수 있습니다. 이행권고결정은 소장의 청구취지나 원인에 특별한 오류가 없는 이상 원고의 주장만을 근거로 한 것입니다. 피고가 이행권고결정을 송달받은 날부터 2주일 이내에 서면으로 이의신청을 하지 아니한 때에는 이행권고결정은 확정된 판결과 같은 효력이 있습니다. 피고가 이의신청을 하는 경우에는 이의신청서와 별도로 답변서를 작성하여 제출하여야 합니다.

유부남 손님과의 불륜

부부(철수♡영희)는 결혼 17년 차에 2명의 미성년 자녀를 두고 있습니다. 남편 철수(42)는 아내 영희(42)와 부정행위를 저지른 상간자 영철(35, 미혼)을 상대로 위자료 3천만 100원을 청구하는 소송을 제기합니다.

남편 철수의 입장

아내는 자영업으로 일했는데 손님으로 온 영철과 부정행위를 저질렀습니다. 아내의 휴대전화에서 부정행위 사실을 알게 됩니다. 철수와 자녀들도 영철의 존재를 알고 있었습니다.

법원의 판단

영철이 입장을 밝히기 전에 화해권고결정이 나옵니다. 영철은 철수에게 위자료 1,500만 원을 지급하라고 합니다. 영철은 화해권고결정에 불복하여 이의신청을 합니다.

상간자 영철의 입장

영희와의 만남을 인정하지만 만나기 이전부터 철수와 영희의 혼인 관계는 이미 사실상 파탄이 난 상태이고, 이에 따른 자신의 행위는 부정행위를 구성한다고 보기 어렵습니다. 설령 자신의 행위가 부정행위라 하더라도,

철수의 청구는 다소 과다한 면이 존재합니다.

법원의 판단

판결에서 영철은 철수에게 **위자료 1,200만 원**을 지급하라고 합니다. 재판에서 영철은 영희가 유부녀라는 사실을 알면서도 만나면서 성관계를 한 사실이 밝혀집니다. 영철이 제출한 증거만으로는 부정행위 당시 이미 철수와 영희의 부부 공동생활이 파탄되어 실체가 더 이상 존재하지 아니하게 되고 객관적으로 회복할 수 없는 정도에 이르렀다고 인정하기에 부족합니다.

아내의 첫사랑

부부(철수♡영희)는 결혼 21년 차에 4명의 자녀를 두고 있습니다. 남편 철수(43)는 아내 영희(44)와 부정행위를 저지른 상간자 영철을 상대로 위자료 3천만 원을 청구하는 소송을 제기합니다.

남편 철수의 입장

영철은 아내의 첫사랑이고, 2년 전에 이혼하고 혼자 살면서 아내와 부정행위를 저지릅니다. 아내의 휴대전화에서 영철과 주고받은 문자를 보게 됩니다. 며칠 후 아내는 고향에 간 김에 친구들을 만나고 오겠다고 했다가 며칠 친정에서 쉬다가 오겠다고 했는데 알고 보니 영철과 함께 시간을 보냅니다. 친정에서 돌아온 아내는 이혼을 요구하더니 가출합니다. 가출한 아내는 영철과 동거를 하기도 합니다.

상간자 영철의 입장

자신의 행위로 인하여 고통을 입었을 철수에게 진심으로 속죄하는 마음을 갖고 있습니다. 이혼 후 첫사랑을 만나 한순간 약해진 마음에, 그러면 안 되는 것을 알면서도 영희와 잘못된 행동을 하였고, 진심으로 후회하고 있습니다.

법원의 판단

영철은 철수에게 **위자료 1천만 원**을 지급하라고 합니다.

CCTV에서 발견한 남편의 불륜

부부(영희♡철수)는 결혼 17년 차에 3명의 미성년 자녀를 두고 있습니다. 아내 영희(42)는 남편 철수(42?)와 부정행위를 저지른 상간자 순희(33)를 상대로 위자료 3,001만 원을 청구하는 소송을 제기합니다.

아내 영희의 입장

남편이 운영하는 매장 CCTV에서 남편과 순희의 부정행위를 발견합니다. 밤 12시가 지난 늦은 시간에 매장 안 조그마한 창고로 들어가더니 20분이 지나도록 함께 있다가 나오는 모습을 보게 됩니다. 잘못 본 건가 싶어 CCTV의 다른 부분을 돌려 보았는데 거기에는 순희가 남편의 머리를 다정하게 쓰다듬는 모습, 남편의 어깨를 주무르거나 허리를 감싸는 모습, 팔짱을 끼고 있는 모습, 백허그를 하고 기대 있는 모습 등이 있었습니다.

상간자 순희의 입장

이유를 막론하고 철수를 만난 사실이 잘못된 것임을 알고 있습니다. 다만 직원으로서 철수의 요구를 거절하기 어려웠던 점, 기간이 7개월에 불과한 점, 철수의 적극적인 만남 요구가 있었던 점, 영희 부부의 혼인 관계가 파탄 나지 않은 점, 이혼하지 않고 상간자 상대로 위자료를 청구하였을 시 법원의 태도를 종합하여 보면, 자신에게 인정될 액수는 1천만 원을 초과하지 않을 것이니 고려해 달라고 합니다.

법원의 판단

순희는 영희에게 **위자료 1,500만 원**을 지급하라고 합니다. 재판에서 철수와 순희는 애인 관계를 유지하고 수회 성관계를 가지는 등 부정행위를 한 사실이 밝혀집니다.

남편과 상간녀가 주고받은 메시지

부부(영희♡철수)는 결혼 3년 차에 1명의 미성년 자녀를 두고 있습니다. 아내 영희(38)는 남편 철수(40)와 부정행위를 저지른 상간자 순희(38)를 상대로 위자료 3,100만 원을 청구하는 소송을 제기합니다.

아내 영희의 입장

우연히 남편과 순희가 주고받은 카카오톡 메시지를 보게 됩니다. 메시지를 보면 철수가 유부남이라는 사실을 알고 있음을 확인할 수 있습니다. 순희는 철수에게 '꿈에서 자기 부인하고 장모한테 빰 맞았어'라는 메시지를 보냅니다. 모텔에 가서 성관계한 사실도 메시지를 통해 알 수 있습니다. 남편은 부정행위를 인정하고 더 이상 순희를 만나지 않겠다며 용서를 구합니다. 부정행위가 발각된 이후에도 철수와 순희가 만난다는 사실을 알게 됩니다.

상간자 순희의 입장

자신의 행위로 인하여 고통을 입었을 영희에게 진심으로 속죄하는 마음을 갖고 있습니다. 철수와의 관계를 정리하였고, 이후에 만난 것도 철수가 일방적으로 찾아온 것을 돌려보낸 것에 불과하며 이후로 만나고 있지 않은 점, 단 한 번도 영희의 가정이 파탄 나는 것을 원하지 않았다는 점, 영희가 가정을 유지하고 있다는 점을 고려해 주시길 바랍니다.

법원의 판단

판결에서 순희는 영희에게 **위자료 1,500만 원**을 지급하라고 합니다. 재판에서 철수가 영희와 혼인 관계에 있음을 알면서도 함께 숙박업소에 투숙하며 성관계를 갖는 등 부정행위를 한 사실이 밝혀집니다.

책임을 떠넘기는 상간남

부부(철수♡영희)는 결혼 1년 차입니다. 남편 철수(28)는 아내 영희(28)와 부정행위를 저지른 상간자 영철(28, 미혼)을 상대로 위자료 3천만 원을 청구하는 소송을 제기합니다.

남편 철수의 입장

아내와 단란한 가정을 꿈꾸며 혼인 생활을 시작하였지만, 혼인신고를 한 지 얼마 지나지 않았을 무렵부터 직장 동료인 영철과 자주 연락하고 만남을 갖고 있다는 사실을 알게 됩니다. 지인으로부터 둘의 관계가 의심스럽다는 이야기를 듣게 되었고, 아내와 크게 다툽니다. 아내는 영철과 연락을 하지 않겠다고 했지만, 이유 없이 연락이 두절되거나 밤늦게 귀가하는 날이 많아지면서 갈등이 심각해져 갔습니다. 결국 아내와 협의이혼을 하기로 하고 신청서를 접수합니다. 협의이혼신청서를 접수하고 며칠 후 짐을 챙기기 위해 아내와 함께 살던 집을 찾았는데 잠옷 차림으로 있는 아내와 영철을 발견합니다.

상간자 영철의 입장

철수를 기망하면서 영희와 '지속적인 부정행위'를 저지른 사실이 없습니다. 철수의 가정은 혼인 생활의 1/5 정도에 해당하는 기간 동안의 별거 생활, 시대과 관련한 잦은 갈등, 협의이혼 신청을 할 정도로 실질적으로 파탄에 이르렀던 상황이었음에도, 영희와 우연히 함께 있었다는 '장면' 하나만으로 아무런 증거도 없이 철수의 가정이 파탄 난 모든 책임을 자신에게 인한 것으로 돌리고 있습니다.

법원의 판단

철수와 영희의 이혼소송과 상간자 소송이 병합되어 재판이 진행됩니다. 1심 판결에서 철수와 영희는 이혼하고, 영희는 철수에게 위자료 2천만 원을 지급하고, 그중에 **1천만 원은 영철과 공동하여 지급하라**고 합니다. 영희는 철수의 가족과의 통화에서 '영철에 대하여 감정이 없다고 말하는 것은 거짓말 같다'라는 말을 합니다. 철수와 영희는 서로 본소 및 반소를 통하여 이혼 청구를 하고 있고, 상대방의 귀책사유를 주장하면서 서로를 비난하기만 할 뿐 혼인 생활을 유지하기 위하여 별다른 노력을 기울이지 아니하고 있는 점 등을 종합하여 보면, 부부의 혼인 관계는 더 이상 회복하기 어려울 정도로 파탄에 이르게 된 것으로 보인다고 합니다. 부부의 혼인 관계 파탄의 근본적이고 주된 책임은 신혼집에서 잠옷 차림으로 영철과 함께 영화를 보는 등 부정행위를 한 영희에게 있다고 봄이 타당하다고 합니다. 영희는 철수의 잦은 가출과 이혼 강요, 협박, 폭행 등으로 혼인 관계가 파탄되었으므로, 철수에게 혼인 관계 파탄의 주된 책임이 있다고 주장하나, 영희가 제출한 증거만으로는 이를 인정하기에 부족하다고 합니다. 철수는 민법 제840조 제1호, 제6호 소정의 재판상 이혼 사유가 존재하므로 이혼 청구에 이유가 있고, 유책배우자인 영희는 반소 이혼 청구는 이유가 없다고 합니다.

영희는 혼인 파탄에 대하여 피해 금액으로 가전제품을 포함하여 4천만 원을 지불하겠다는 각서를 작성합니다. 영희는 시부모와 철수의 강요에 의해 각서를 작성했기에 4천만 원의 지급의 의사표시는 강박에 의한 것으로 취소한다고 취지로 주장합니다. 영희가 각서를 작성해 주지 않을 경우 영희의 직장과 인터넷에 영희의 명예를 훼손하는 행위를 하여 직장 생활과 사회생활에 해를 가할 것이라는 시부모와 철수의 위협적인 언동에 의해 각서가 작성된 것으로 보이기에 각서상 4천만 원의 지급 의사표시는 강박에 의한 의사표시라고 봄이 타당하다고 합니다. 4천만 원의 지급 의사표시는 영희의 취소 의사표시에 의하여 적법하게 취소되었다고 합니다.

원고와 피고들은 1심 판결에 불복하여 항소하지만, **항소는 기각한다**는 판결이 나옵니다.

⚖️ **최한겨레 변호사 Tip**

1. 민법 제840조(재판상 이혼 원인)

   부부의 일방은 다음 각호의 사유가 있는 경우에는 가정법원에 이혼을 청구할 수 있다.

   1) 배우자에 부정한 행위가 있었을 때

   2) 배우자가 악의로 다른 일방을 유기한 때

   3) 배우자 또는 그 직계존속으로부터 심히 부당한 대우를 받았을 때

   4) 자기의 직계존속이 배우자로부터 심히 부당한 대우를 받았을 때

   5) 배우자의 생사가 3년 이상 분명하지 않을 때

   6) 기타 혼인을 계속하기 어려운 중대한 사유가 있을 때

2. 유책배우자의 이혼소송

유책배우자의 이혼 청구를 인용해 주는 예외적인 사유로는 혼인을 지속할 의사가 객관적으로 명백함에도 오기나 보복적 감정으로 이혼에 응하지 않는 경우, 세월이 지남에 따라 파탄 당시에 현저했던 유책성 및 정신적 고통이 약화되어 더 이상 책임의 경중을 따지는 것이 무의미할 정도가 된 경우, 부부 쌍방의 책임이 동등한 경우 등이 있습니다. 혼인 지속의 의사는 결혼 생활의 전 과정을 전체적으로 보아 판단하며, 소송이 진행되는 과정에서 나타나는 언행이나 태도 등을 종합하여 판단하고 있습니다. 유책배우자라는 이유로 패소하였더라도 그 후 지속적으로 유책성을 비난하며 전면적인 양보만을 요구하거나 이미 혼인 관계를 회복할 가능성조차 없어 합의이혼조차 불가능해진 상태 등 종전에 이혼소송이 진행되었을 때의 유책배우자의 유책성이 상당히 희석되었다면 현재 이혼소송의 사실심 변론 종결 시를 기준으로 판단하기에 이혼 청구가 인용될 가능성이 있습니다.

직원으로 채용한 여성과 불륜

부부(영희♡철수)는 결혼 22년 차입니다. 아내 영희(50)는 남편 철수(55)와 부정행위를 저지른 상간자 순희(36, 미혼)를 상대로 위자료 5천만 원을 청구하는 소송을 제기합니다.

아내 영희의 입장

남편은 회사를 운영하고 있는데, 직원으로 고용한 순희와 부정행위를 저지릅니다. 주말부부로 지내는 동안 철수와 순희는 동거한 사실도 있으며, 남편과 순희가 주고받은 카카오톡 메시지에서 부정행위를 알게 됩니다.

상간자 순희의 입장

같은 여성으로서 영희에게 상처를 준 점을 깊이 반성하고 있습니다. 죄송한 마음을 가지고 있고, 자신의 행동을 후회하고 있습니다. 영희는 철수와의 만남을 확인한 뒤, 철수를 모시고 살 것을 요구하는 등, 관계를 용인하였음에도, 3년이 지난 시점에서 느닷없이 소를 제기합니다. 부정행위에 해당한다고 하더라도, 3년이 넘는 시점에서 소를 제기하였으므로 소멸시효가 완성되었습니다. 영희는 순희에게 철수와 계속해서 만날 것을 희망하는 의사를 표시하였고, 철수에게도 같은 내용의 의사를 표하여, 철수에게 순희와의 만남을 종용하였으므로, 이후 철수와 만났더라도 이는 영희의 용

인하에 이루어진 것으로 불법행위를 구성하지 않습니다.

법원의 판단

판결에서 **원고의 청구를 기각**합니다. 영희 부부는 상간자 소송 중에 이혼합니다. 재판에서 영희는 철수와 순희의 관계를 알게 된 이후 1년이 지나 철수에게 둘 사이의 기존 만남을 문제 삼지 않을 뿐 아니라 앞으로 계속 만나는 것에 대하여 사전 동의한다는 의사를 표시한 사실이 밝혀집니다. 영희의 의사는 일시적인 감정에 의한 것으로 보이지 않는다고 합니다. 영희가 철수와 순희 사이의 부정행위를 용서하면서 사전 동의하였고, 이후 영희가 이를 번복하였다는 사정이 보이지 않는 이상, 영희와 철수의 혼인관계가 파탄에 이르렀다고 하더라도 이를 순희의 귀책사유로 인한 것이라 단정할 수 없습니다. 영희는 1심 판결에 불복하여 항소하지만, 항소심 판결에서 **영희의 항소를 기각한다**고 합니다.

⚖️ **최한겨레 변호사 Tip**

배우자가 부정행위를 하는 것을 허락한다면, 상간자 소송을 제기할 수 없습니다.

정서적 교감만 했다는 상간남

부부(철수♡영희)는 결혼 9년 차에 1명의 미성년 자녀를 두고 있습니다. 남편 철수(42)는 아내 영희(34)와 부정행위를 저지른 상간자 영철(38, 기혼)을 상대로 위자료 5천만 원을 청구하는 소송을 제기합니다.

남편 철수의 입장

아내의 아이패드에서 카톡 메시지 알림이 계속 울리길래 핸드폰과 연동을 시켜 놨구나 생각하고 끄려 하다가 미리보기에서 황당한 내용을 보게 됩니다. 아내가 영철에게 보낸 자신의 사진과 영철은 그걸 '예쁘다'라고 하는 내용, 서로 사랑한다는 내용이 있었습니다. 영철은 아내의 함께 대학원 생활을 했기에 철수와도 안면이 있습니다.

상간자 영철의 입장

영희와 나눈 대화 정도로 자신이 철수에게 위자료 책임을 진다고 볼 수 없습니다. 설령 그렇게 본다고 하더라도, 자신의 배우자 역시 영희에 대하여 위자료 청구소송을 할 수 있다는 것인데, 소장을 보고 전혀 미동도 하고 있지 않습니다. 위자료 책임을 진다고 하더라도 대폭 감액을 요청합니다. 철수와 영희는 별거하고 있다고 합니다. 별거하게 된 원인이 무엇인지, 가정의 파탄에 이르렀다면 그 원인이 정말 자신의 행동으로 인한 것인지 알고 싶습니다.

법원의 판단

판결에서 영철은 철수에게 **위자료 1천만 원**을 지급하라고 합니다. 재판에서 영희와 영철이 애정 표현을 하는 이메일이 나옵니다. 영희는 백화점에서 목걸이를 구입하였는데, 목걸이 구입 영수증의 현금 영수증 승인란에 영철의 휴대전화 번호가 인쇄되어 있었습니다. 영희는 철수에게 '휴대폰을 의도적으로 분실, 파손하는 등으로 증거인멸을 할 경우 합당한 법적책임을 지고, 자녀의 교육기관 등·하원 등에 관한 내용에 대해 협의하며, 합의 내용을 위반할 경우 영희와 영철의 외도(불륜)와 관련된 합당한 조치를 취할 수 있다'는 내용의 합의서를 작성합니다. 영희와 철수는 별거하고 있고, 영희는 철수와 이혼할 의사를 밝히고 있습니다. 영희와 영철이 주고받은 이메일의 내용, 목걸이를 구입한 영수증의 내용, 영희가 작성한 합의서의 내용 등을 종합해 보면, 영희와 영철의 관계는 단순한 동료 사이를 넘어서 철수의 부부 공동생활을 침해하거나 그 유지를 방해하는 정도의 부정한 관계에 해당한다고 보는 것이 타당하다고 합니다. 영철은 영희와 정서적 교감을 나눈 사실은 있지만, 이메일은 순간적인 감정에 치우쳐 주고받은 것일 뿐이며, 그 이상의 부정행위를 저지른 바 없다고 주장하나 받아들이지 않습니다. 영철은 자신의 행위가 철수의 혼인 관계에 미친 영향이 크지 않다는 취지로 주장하나, 철수가 이메일을 발견한 후로 영희와 별거에 이르렀고, 이혼 이야기가 오가고 있는 점 등 여러 사정을 고려할 때 영철의 주장은 받아들이기 어렵다고 합니다.

유부녀와 스킨십

부부(철수♡영희)는 결혼 5년 차에 2명의 미성년 자녀를 두고 있습니다. 남편 철수(25)는 아내 영희(23)와 부정행위를 저지른 상간자 영철(26, 미혼)을 상대로 위자료 3천만 100원을 청구하는 소송을 제기합니다.

남편 철수의 입장

육아를 위해 육아휴직을 신청하고, 평소와는 다르게 아내와 대화가 잘되지 않았고 의심스러운 행동을 합니다. '혹시 바람피냐?'라고 물었고, 아내는 울면서 영철과의 부정한 관계를 인정합니다.

상간자 영철의 입장

철수 어머니의 소개로 영희를 알게 되었고, 1년에 1~2번 정도 연락하는 사이에 불과했으며, 철수가 주장하는 것과 같이 깊은 부정행위의 정도에 이르지 않았습니다. 술에 취한 기억은 있지만, 영희와 스킨십을 한 사실이 있다면 이는 철수에게 사과해야 할 것입니다. 그러나 철수는 가정 파탄의 모든 책임을 자신에게 묻고 있는바, 위자료 액수는 너무 과다합니다.

법원의 판단

판결에서 영철은 철수에게 **위자료 800만 원**을 지급하라고 합니다. 재판에서 영희와 영철은 3년 동안 성적인 농담을 포함한 연락을 주고받았다는 사실이 밝혀집니다. 영철은 철수와의 전화 통화에서 '영희와 입맞춤을 했는데 그 사실은 서로 합의하에 한 화간이었다'는 취지로 철수에게 말하였고, 키스 장소가 철수가 거주하는 아파트 옥상이라는 것을 인정하였던 점 등을 볼 때 영철은 영희와 부정행위를 함으로써 혼인이 본질에 해당하는 부부 공동생활을 침해하거나 유지를 방해하고 그에 대한 배우자로서의 권리를 침해하는 불법행위를 저질렀고, 그로 인하여 영희의 배우자인 철수가 정신적 고통을 받았을 것임은 경험칙상 명백하다고 합니다. 따라서 영철은 철수가 입은 정신적 고통을 금전적으로나마 위자할 의무가 있다고 합니다.

상간녀와의 대면

부부(영희♡철수)는 결혼 13년 차입니다. 아내 영희는 남편 철수와 부정행위를 저지른 상간자 순희(33, 미혼)를 상대로 위자료 3천만 원을 청구하는 소송을 제기합니다.

아내 영희의 입장

남편은 언제부터인가 술을 마시고 집에 오는 횟수가 늘어났고, 예전에는 휴대전화를 잠그지 않았는데 언제부터인가는 휴대전화에 비밀번호를 설정하여 잠그는 행동에 이상하다고 생각하였지만, 딱히 남편을 의심하지는 않았습니다. 우연히 남편의 휴대전화에서 순희에게서 온 문자메시지를 보게 됩니다. 남편과 말다툼하게 되었고, 순희에게 연락하여 대면합니다. 순희는 남편과 부정한 관계를 자백합니다.

상간자 순희의 입장

자신의 행위로 인하여 고통을 입었을 영희에게 진심으로 속죄하는 마음을 갖고 있습니다. 영희에게 죄송하다고 말하며 용서와 선처를 구했고, 영희는 화를 한 번 내지 않고 이성적으로 관대하게 좋은 말까지 해 줍니다. 철수와 만난 횟수는 적은 편이었고, 기혼 사실을 뒤늦게 안 점, 더 이상 철수에게 연락하지 않고 피한 점 등을 고려해 달라고 합니다.

법원의 판단

판결에서 순희는 영희에게 **위자료 1,800만 원**을 지급하라고 합니다. 원고가 3천만 원만 청구하였으므로 소액사건으로 분류가 되었고, 소액사건심판법에 의하면 재판부는 소액사건에서는 판결 이유를 적지 않을 수 있어서, 판결 이유는 없었던 사건이었습니다.

⚖️ 최한겨레 변호사 Tip

원고 입장에서는 판결 이유에 상간자의 이름이 적히는 것을 원합니다. 그러므로 3천만 원이 아니라 3천만 원을 초과하는 금액을 청구하는 것이 좋습니다.

수상한 남편의 행동

　부부(영희♡철수)는 결혼 3년 차에 1명의 미성년 자녀를 두고 있습니다. 아내 영희(31)는 남편 철수(36)와 부정행위를 저지른 상간자 순희(28, 미혼)를 상대로 위자료 2천만 원을 청구하는 소송을 제기합니다. 재판 중에 위자료를 3,100만 원으로 증액하면서 소액사건에서 단독 사건으로 재배당됩니다.

아내 영희의 입장

　남편의 휴대전화에서 직장 동료인 순희와 매우 친밀한 말투로, 친근한 대화를 나눈 내용을 발견합니다. 남편의 카드 내역 문자가 모두 삭제된 것을 발견합니다. 남편의 행동이 수상하여 카드사 사이트에서 확인해 보니 호텔 결제 내역이 나옵니다. 남편의 휴대전화에 자동으로 녹음된 통화 내용에서 순희와 부적절한 관계를 유지하고 있다는 사실을 알게 됩니다.

상간자 순희의 입장

　철수와의 부정행위는 인정하며 영희에게 상처를 준 점에 대하여 사과합니다. 하지만 영희가 오해하고 있는 부분도 많습니다. 영희는 아직 이혼을 안 했으니 위자료 감액을 주장합니다. 철수가 다른 여성과의 부정행위까지 자신에게 책임을 전가하고 있기에 자신의 책임 범위 내에서 정신적 손해를 배상할 책임이 있습니다.

법원의 판단

판결에서 순희는 영희에게 **위자료 1,500만 원**을 지급하라고 합니다. 재판에서 순희는 직장 동료인 철수가 유부남이라는 사실을 알면서도 철수와 부적절하게 만나고 여러 차례 성관계를 가진 사실이 밝혀집니다.

이혼을 요구하는 남편

부부(영희♡철수)는 결혼 9년 차입니다. 아내 영희(34)는 부정행위를 저지른 남편 철수(40)에게 이혼과 위자료 6천만 원, 철수와 부정행위를 저지른 상간자 순희(31, 미혼)에게 공동하여 6천만 원 중 3천만 원을 청구하는 소송을 제기합니다.

아내 영희의 입장

부부는 함께 매장을 운영하고 있었고, 순희를 채용하여 함께 일합니다. 남편은 순희를 지나치게 다정하게 대해서 질투를 사곤 하였습니다. 남편의 지갑에서 순희와 같은 커플 팔찌를 발견합니다. 어느 날 남편은 이혼을 요구하였고, 그런 행동에 의심하기 시작합니다. 남편의 컴퓨터에서 남편과 순희의 성관계 동영상을 발견합니다.

남편 철수의 입장

영희에게 미안하며 영희의 이혼 청구에 대하여는 다투지 않겠다고 합니다. 하지만 아내가 청구한 위자료는 과다하다며 감액을 요청합니다.

상간자 순희의 입장

영희에게 상처를 주게 된 점에 대하여 진심으로 반성하고 있습니다. 영희가 청구한 위자료는 과다하니 감액을 요청합니다.

법원의 판단

판결에서 철수는 영희에게 위자료 4천만 원을 지급하고 그중 **2,500만 원은 순희와 공동하여** 지급하라고 합니다. 재판에서 철수와 순희는 7년간 부정행위를 하였고, 그로 인하여 영희와 철수는 이혼을 원하고 있으며 별거 중이라는 사실이 밝혀집니다. 영희와 철수는 모두 상대방의 귀책사유를 주장하고 있을 뿐 혼인 관계를 회복하기 위한 별다른 노력을 기울이지 않고 있는 점 등을 더하여 보면, 부부의 혼인 관계는 더 이상 회복할 수 없을 정도로 파탄되었다고 합니다. 철수의 부정행위로 인하여 부부 사이의 신뢰 관계가 심각하게 훼손됨으로써 결정적으로 파탄 상태에 이르렀다고 할 것이므로, 파탄의 근본적이고 주된 책임은 철수에게 있다고 합니다. 철수는 부정행위를 인정하면서도, 영희의 잦은 의심과 가사 및 업무 소홀, 성격 차이 등으로 갈등을 겪었고, 그로 인하여 철수가 먼저 이혼을 요구하였는바, 혼인 파탄에 대한 책임의 정도가 영희와 철수 모두 대등하다고 주장합니다. 영희가 혼인 초기 성관계를 잠시 거부하였고 철수가 다른 여성들과의 관계를 의심하였으며 우울증 등으로 인하여 철수가 불만을 가지게 된 것으로 보이나, 철수는 영희에게 가장 가까운 지인인 순희와 근무지 또는 영희의 집에서 성관계하고 이를 촬영하여 보관하는 등 7년 이상 부정한 관계를 유지하면서 영희를 기망하였는바, 영희가 철수의 부정행위를 의심한 것이 근거 없는 의심이라고 할 수 없고, 오히려 철수는 영희가 여성용 윤활제를 발견하였음에도 영희의 행동을 비난하고 사과하지 않았을 뿐만 아니라 영희가 정신과 치료를 받는 등 정서적으로 불안한 상태였음에도 순희와의 관계를 단절하지 않은 점, 철수가 이혼을 요구한 사유가 뚜렷하지 않은 점 등에 비추어 보면, 철수가 제출한 증거들만으로는 영희의 귀책사유로 인하여 혼인 관계가 파탄되었다고 인정하기 부족하다고 합니다.

협의이혼의사확인 신청

부부(영희♡철수)는 결혼 9년 차에 2명의 미성년 자녀를 두고 있습니다. 아내 영희(35)는 남편 철수(35)를 상대로 이혼 조정 신청을 합니다. 남편 철수와의 이혼과 위자료 3천만 원을 청구합니다.

영희 아내의 입장

남편의 폭언과 배려 없는 태도에 크게 실망하여 이혼을 결심하게 되었습니다.

남편 철수의 입장

철수는 부정행위를 저지른 아내 영희에게 이혼과 위자료 3천만 원을, 아내와 부정행위를 저지른 상간자 영철(29, 미혼)에게 3천만 원 중 2천만 원을 공동하여 지급하라는 소송을 제기합니다. 아내의 이혼 조정 신청과 병합되어 재판이 진행됩니다. (영희가 제기한 이혼 조정은 반소가 됩니다.)

숙려 기간에 아내와 영철이 집에 함께 있다는 사실을 알게 되었고, 112에 신고를 하여 영철은 주거침입죄의 현행범으로 체포된 사실도 있습니다.

상간자 영철의 입장

영희가 협의이혼 신청을 한 이후, 즉 영희 가정이 실질적으로 파탄에 이른 이후에야 영희를 만난 것이며 자신의 등장 이전에 파탄에 이르렀음이 명백합니다.

법원의 판단

판결에서 영희는 철수에게 위자료 2천만 원을 지급하고, 그중 **1천만 원은 영철과 공동하여** 지급하라고 합니다. 철수와 영희는 혼인 기간에 성격 및 가치관의 차이, 경제적 문제, 자녀 양육 문제 등의 갈등을 겪었고, 협의이혼의사확인 신청을 합니다. 철수는 협의이혼의사확인 신청 후 자녀들과 함께 철수 부모의 집으로 가서 생활합니다. 철수는 자녀들과 살던 집에 방문하여 집 안으로 들어가려고 하던 중 이를 가로막는 영희와 몸싸움을 하였고, 그 과정에서 철수는 영희를 폭행하여 약 2주간의 치료가 필요한 상해를 가합니다. 영철은 영희가 운영하는 매장의 직원으로 일하였는데, 영희의 집에 들어가 머문 사실도 있습니다. 영희와 영철은 매장에서 서로 껴안고 입맞춤을 하거나 바닷가로 여행을 가는 등 교제합니다. 철수는 집에서 영희와 영철이 서로 입맞춤을 하거나 바닷가로 여행을 간 사진을 발견합니다. 철수는 영희와 영철이 집에 드나들고, 서로 입맞춤을 하는 등의 사진을 발견하자 화가 나 영희가 운영하는 매장을 찾아가 직원들에게 '영희가 부정행위를 하였다'는 취지로 말하기도 합니다. 철수는 영희에게 상해를 가하였고, 공연히 사실을 적시하고 영희의 명예를 훼손하였으며, 영희와 영철의 재물을 손괴한 범죄 사실로 벌금 300만 원을 선고받습니다. 영철은 철수의 의사에 반하여 집에 침입한 범죄 사실로 벌금 50만 원의 약식명령이 청구됩니다. 영희의 이혼 청구는 기각됩니다. 혼인 관계의 기초가 되는 철수와 영희 사이의 애정과 신뢰가 상당히 손상된 것으로 보이는 점,

이에 철수와 영희가 이 사건 본소 및 반소를 통해 서로 이혼을 희망하고 있고, 장기간 별거하며 혼인 관계 회복을 위해 별다른 노력을 하고 있지 않은 점 등을 종합하면, 혼인 관계는 더는 회복될 수 없을 정도로 파탄되었음이 인정됩니다. 철수는 영희와 영철의 부정행위로 인하여 혼인 관계가 파탄되었다고 주장하는 반면, 영희와 영철은 직장 동료일 뿐 부정행위를 하지 않았다거나 철수와 영희의 혼인 관계가 파탄된 후 교제한 것이므로, 부정행위로 혼인 관계가 파탄된 것이 아니라고 주장합니다. (영철은 영희와 교제할 무렵 영희가 이혼하여 배우자가 있다는 사실을 알지 못했다고 주장하기도 합니다.) 부부가 협의이혼의사확인 신청을 하였으나, 그 이후에도 서로 관계 회복을 모색하는 내용의 문자메시지를 주고받았고, 철수와 자녀들이 매장 직원들이 참여하는 행사에 참석하였던 것으로 보이는바, 협의이혼의사확인 신청만으로 부부의 혼인 관계가 파탄된 것으로 보기는 어려운 점(영철은 철수가 영희의 남편이라는 것을 알았을 것으로 보입니다), 철수는 영희와의 관계 회복을 위해 노력하였으나, 영희와 영철의 교제 사실을 알게 된 무렵부터 다툼이 극심해진 것으로 보이는 점을 종합하면, 영희의 행위는 부부의 정조의무에 충실하지 않은 부정행위에 해당하고, 이로 인하여 철수가 영희에 대한 애정과 신뢰를 상실하여 결국 혼인 관계가 파탄되었다고 할 것이므로 혼인 관계 파탄의 주된 책임은 영희에게 있다고 합니다.

영희는 철수의 지속적인 폭언 및 폭행 등 철수의 부당한 대우로 인하여 혼인 관계가 파탄된 것이라고 주장하나, 철수가 영희를 폭행하여 약 2주간의 치료가 필요한 상해를 가한 사실은 인정됩니다. 하지만 민법 제840조 제3호에 정한 이혼 사유인 "심히 부당한 대우를 받았을 때"라 함은 혼인 관계의 지속을 강요하는 것이 가혹하다고 여겨질 정도의 폭행이나 학대 또는 모욕을 받았을 경우를 말하는바, 철수와 영희 사이의 다툼의 과정 및 철수에 대한 영희의 태도, 혼인 파탄의 직접적인 원인, 철수가 가한 유형력의 내용 및 영희가 입은 상해의 정도 등에 비추어 볼 때, 영희가 제출한 증거만으로는 철수가 혼인 기간에 영희에게 혼인 관계의 지속을 강요하는 것이 가혹하다고 여겨질 정도의 폭행이나 학대 또는 모욕을 가하였다고 인정하기 부족하다고 합니다. 다만, 철수와 영희 사이의 다툼이 격해지면서 철수가 영희에게 상해, 명예훼손, 재물 손괴 등의 범행을 저지른 사정은 위자료 액수를 산정함에 있어 고려한다고 합니다.

자녀들의 사실확인서

부부(철수♡영희)는 결혼 25년 차에 3명의 자녀가 있습니다. 남편 철수(54)는 아내 영희(50)와 부정행위를 저지른 상간자 영철(52, 기혼)을 상대로 위자료 5천만 원을 청구하는 소송을 제기합니다.

남편 철수의 입장

낯선 남자가 아내를 태워서 집으로 데려다주는 것을 목격합니다. 아내의 외도를 의심하기 시작했는데 직장 동료라고 얼버무리려 합니다. 아내의 행동이 수상하여 추궁하니 5년 정도 불륜 관계를 맺고 부정행위를 저질렀다며 자백합니다. 직장 때문에 따로 지낸 적이 있었는데 그때부터 바람을 피운 것입니다. 아내는 협의이혼을 요구하였고, 철수는 협의이혼을 해 줄 테니 부정행위를 인정하는 각서를 요구합니다. 며칠 후 가정법원에 협의이혼의사확인신청서를 접수합니다.

상간자 영철의 입장

철수는 부정행위의 증거로 자녀들이 작성한 사실확인서와 진술서만 제출했는데, 최소한의 객관적인 증거를 통해 입증을 요구합니다. 자녀들이 거짓말을 한다고 주장하는 것은 아닙니다. 다만 자녀들 진술서는 아내로부터 어떤 말을 들었다는 것에 지나지 않습니다.

법원의 판단

판결에서 영철은 철수에게 **위자료 1,500만 원**을 지급하라고 합니다. 재판에서 영희와 영철은 휴대폰 채팅 앱을 통해 알게 된 이후 영희에게 배우자가 있음을 알면서도 5년간 연락하면서 만나서 데이트를 하는 등 부정한 관계를 유지한 사실이 밝혀집니다.

⚖️ **최한겨레 변호사 Tip**

이 사건은 너무나 억울한 사건입니다. 증거가 하나도 없는데 원고의 자녀들의 사실확인서만으로 부정행위가 인정됩니다. 이 사건으로 영철도 배우자와 이혼합니다. 영철이 금전적으로 여유가 있었고 사회적으로 높은 지위에 있어 항소를 하지 않고 철수에게 위자료를 지급하면서 마무리합니다.

합의금을 지급하지 않는 상간남

부부(철수♡영희)는 결혼 18년 차에 2명의 자녀가 있습니다. 남편 철수 (40)는 아내 영희(39)와 부정행위를 저지른 상간자 영철(28, 미혼)을 상대로 위자료 3천만 원을 청구하는 소송을 제기합니다.

남편 철수의 입장

아내는 혼인 기간 동안 자주 외박하거나 술에 취해 집에 늦게 들어오는 일이 빈번했고, 아내가 영철과 불륜 관계로 자주 모텔 등 숙박업소에서 만나 술을 마시고 동침하는 부정행위를 저지르고 있다는 사실을 알게 됩니다. 아내와 영철이 함께 모텔에 숙박하고 있다는 사실을 알게 되었고, 숙박업소에서 아내와 영철이 함께 있는 장면을 목격하였으며, 영희와 영철은 불륜 관계를 인정합니다. 영철은 합의금으로 500만 원을 지급하기로 했으나 지급하지 않습니다.

상간자 영철의 입장

5년 전 유흥업소에서 일하다가 손님으로 온 영희를 처음 만납니다. 10살 이상 차이 나는 영희에 대하여 이성적인 감정이 1%도 없었고, 단순한 손님에 불과했습니다. 영희와 정식으로 만났다거나 성관계를 가진 사실이 없습니다. 영희는 동성 친구 정도로 편했고 용돈도 챙겨 주었기에 만나자는 요청을 거부하기 어려웠습니다. 형편이 어려워 영희가 주는 돈을 마다하기 힘들었습니다. 영희와 함께 모텔에 드나들고 연락을 하여 철수에게 오해의 소지를 살 만한 행위를 했다는 점에 대해서는 철수에게 사과합니다. 이 사건으로 철수에게 폭행과 협박을 당해 고통 속에 하루하루를 보내고 있습니다.

법원의 판단

판결에서 영철은 철수에게 **위자료 1천만 원**을 지급하라고 합니다. 영철은 영희가 유부녀라는 사실을 알면서도 모텔 등 숙박업소에서 만나 함께 술을 마시는 등의 행위를 하여 철수와 영희의 혼인 생활의 평온을 깨트리는 불법행위를 저지른 사실을 인정할 수 있습니다. 영희와 영철이 성행위를 하였다는 사실을 인정할 증거는 없습니다. 성행위를 하지 않았다고 하더라도 영철의 행위는 불법행위가 됩니다. 500만 원 지급하지 않은 사실을 참작해서 위자료를 정합니다.

사례 86　모텔에는 갔지만

부부(철수♡영희)는 결혼 9년 차에 1명의 자녀가 있습니다. 남편 철수(38)는 아내 영희(37)와 부정행위를 저지른 상간자 영철(36)을 상대로 위자료 5천만 원을 청구하는 소송을 제기합니다.

남편 철수의 입장

늦은 밤, 아내가 어떤 차량에서 내리는 것을 우연히 목격했고, 누군가와 외도하는 것이 아닌가 하는 의심을 하기 시작합니다. 퇴근하고 집에 왔는데 아내와 자녀가 없길래 아내에게 연락해서 물어보니 친정에서 자고 간다고 말합니다. 전화를 끊고 나서 몇 분 후 다시 아내에게 전화가 왔는데 아무런 말도 하지 않고, 누군가와 대화하는 소리가 들립니다. 대화에서 아내와 낯선 남자가 이야기를 하는데 술집이 문 닫을 시간이 다 되었으니 정리하고 모텔에 가자는 내용이었습니다. 집에 온 아내를 추궁하였고, 직장 동료인 영철과 부정행위를 했다고 자백합니다. 영철도 추궁했는데 모텔에는 갔지만 손잡고 포옹만 했지 잠은 자지 않았다고 합니다.

상간자 영철의 입장

영희와 어느 정도 친밀한 관계였음은 인정하지만, 육체적인 관계는 없었으며, 철수가 요구하는 위자료는 너무 과합니다. 영철의 전처는 영희를 상대로 상간자 소송을 했고, 위자료로 영철은 2천만 원, 영희는 1천만 원을 지급하기로 조정에서 합의했습니다. 철수에게 위자료 1천만 원을 지급하는 것이 맞지 않냐며 위자료 1천만 원을 지급할 의사가 있다고 합니다.

법원의 판단

판결에서 영철은 철수에게 **위자료 1,200만 원**을 지급하라고 합니다. 재판에서 영희와 영철은 '사랑해' 등의 대화를 하면서 연인 관계로 지낸 사실이 밝혀집니다. 부부의 혼인 기간 및 가족관계, 부정행위의 경위와 정도, 영철의 대응 방식, 배우자 일방의 부정한 행위로 혼인이 파탄된 경우 그 주된 책임은 해당 배우자에게 있고 특별한 사정이 없는 한 공동불법행위책임을 부담하는 상대방의 책임은 부차적인 점을 고려하여 위자료 액수를 정한다고 합니다.

⚖️ 최한겨레 변호사 Tip

배우자에 대한 위자료 소송.

부정한 행위에 대한 증거가 있다면 배우자에게 책임을 물어 이혼과 함께 청구소송이 가능합니다. (이혼이 전제되어야 합니다.)

하지만 배우자에게는 법률상으로는 위자료를 받아 낼 수 없으며 혼인 유지 중에는 개인적으로 받아 내는 수밖에 없습니다.

모임에서 만난 유부남

부부(영희♡철수)는 결혼 22년 차에 2명의 자녀가 있습니다. 아내 영희(48)는 남편 철수(48)와 부정행위를 저지른 상간자 순희(41, 기혼)를 상대로 위자료 3,100만 원을 청구하는 소송을 제기합니다.

아내 영희의 입장

순희의 배우자가 집으로 찾아와 폭로하면서 남편의 부정행위를 알게 됩니다. 남편과 순희는 모임을 통해 만났다고 합니다. 남편은 부정행위를 자백하며 순희와 함께 모텔에 들어가는 CCTV 영상을 전송해 주기도 합니다. 남편에게 순희의 연락처를 받아서 연락하니 순희는 부정행위를 모두 인정하고 앞으로 남편과 만나지 않겠다고 합니다. 하지만 순희는 약속을 어깁니다.

상간자 순희의 입장

철수와 만난 사실을 인정하며, 영희에게 진심으로 사죄합니다. 순희의 배우자로부터 부정행위 사실을 전해 듣고 부정한 관계라는 것을 인지하게 된 점, 영희에게 연락을 받고 부정행위를 인정하며 반성한 점, 부정행위의 기간이 비교적 단기간인 점, 영희네 부부가 혼인 관계를 유지하고 있는 점 등을 비추어 보면, 영희가 청구한 위자료 액수는 과다합니다. 영희와 조정에서 합의를 원합니다.

법원의 판단

재판에서 영희는 순희와 조정에서 합의할 생각이 없다고 합니다. 판결에서 철수와 순희는 **공동하여 영희에게 위자료 2천만 원**을 지급하고 소송비용은 순희가 부담하라고 합니다. 순희는 1심 판결에 불복하여 항소하지만, **순희**의 **항소는 기각**됩니다.

볼링 클럽

부부(철수♡영희)는 결혼 11년 차에 2명의 자녀가 있습니다. 남편 철수 (41)는 아내 영희(41)와 부정행위를 저지른 상간자 영철(37, 미혼)을 상대로 위자료 5천만 원을 청구하는 소송을 제기합니다. 상간자 소송 중에 부부는 협의이혼 신고를 합니다.

남편 철수의 입장

아내는 볼링 클럽에 가입하여 활동을 시작하였고, 뒤늦게 철수와 영철도 모임에 가입합니다. 부부와 영철은 함께 운동하며 친해졌고, 셋이서 술자리를 갖기도 합니다. 하지만 아내와 영철이 집에서 함께 누워 자는 모습을 목격합니다.

상간자 영철의 입장

영희와 부정한 행위를 한 사실이 없습니다. 다만 잘못이 있다면 철수가 오해할 만한 행동을 한 것뿐입니다. 부부의 혼인 관계는 이미 파탄이 나 있었습니다.

법원의 판단

재판 중에 화해권고결정에서 영철은 철수에게 위자료 800만 원을 지급하라고 합니다. 철수는 화해권고결정에 불복하여 이의신청을 합니다. 판결에서 영철은 철수에게 **위자료 1,500만 원**을 지급하라고 합니다. 영철은 철수와 영희의 혼인 관계는 부정행위 전 이미 파탄되었다는 취지로 주장하나, 부부가 일시적으로 별거하고 있었다는 사정만으로는 영희와 영철의 부정행위 당시 혼인 관계가 이미 더 이상 회복할 수 없을 정도로 파탄되었다는 점을 인정하기에 부족하다고 합니다. 혼인 파탄의 경우 주된 책임은 영희에게 있지만, 철수가 영희에게는 별도로 위자료를 청구하지 않았다는 점도 위자료 산정에 반영한다고 합니다.

사실혼 관계

부부(철수♡영희)는 결혼 3년 차입니다. (사실혼) 남편 철수(45)는 아내 영희(41)와 부정행위를 저지른 상간자 영철(59)을 상대로 위자료 3천만 100원을 청구하는 소송을 제기합니다.

남편 철수의 입장

아내의 휴대전화 카카오톡 메신저에서 부정행위를 알게 됩니다. 아내는 영철에게 '신랑하고 같이 있어서'라고 한 점에 비추어 보면, 배우자가 있음을 알고 있었습니다.

상간자 영철의 입장

영희가 사실혼 관계에 있다는 것을 알고 있었지만, 부정행위를 한 사실은 없습니다.

법원의 판단

1심 판결에서 영철은 철수에게 **위자료 700만 원**을 지급하라고 합니다. 영철은 영희에게 '보고 싶다', '사랑해요'라는 메시지를 보냈고, 영희도 철수에게 애정 표현하는 메시지를 보냅니다. 철수와 영희는 이 사건으로 갈등을 겪다가 별거하고 있습니다. 영철과 영희가 주고받은 메시지는 통상 연인 관계에서 주고받을 법한 내용으로 부정행위라고 보는 것이 타당하고, 위와 같은 메시지를 보냄으로써 부부 공동생활 유지를 방해 또는 침해하는 한편 철수의 배우자로서의 권리를 침해하였다 할 것이므로 영철은 철수가 받은 정신적 고통을 금전적으로나마 위자할 의무가 있습니다. 영철은 1심 판결에 불복하여 항소하지만 **영철의 항소는 기각**됩니다. 항소심에서 영철은 철수와 영희의 사실혼 관계는 두 사람의 성격 차이 및 신뢰 부족으로 이미 파탄 상태에 있었다는 취지의 주장을 하나, 영철이 제출한 증거들만으로는 영철이 영희와 부적절한 연락을 주고받을 당시 철수와 영희의 사실혼 관계가 더 이상 회복하기 어려울 정도의 파탄 상태에 있었다고 인정하기에 부족하다고 합니다.

⚖️ 최한겨레 변호사 Tip

대법원은 "사실혼 관계당사자 이외의 제3자가 사실혼 파기에 가담한 경우에는 그 제3자에게는 불법행위로 인한 손해배상책임만이 있을 뿐 채무불이행으로 인한 손해배상의 책임이 있다고는 할 수 없다."라고 판시하였습니다. (대법원 1970. 4. 28. 선고 69므37 판결)

별거 중에 만났다고 주장하는 상간남

부부(영희♡철수)는 결혼 9년 차에 1명의 미성년 자녀를 두고 있습니다. 아내 영희(40)는 부정행위를 저지른 남편 철수(41)와 상간자 순희(31, 미혼)를 상대로 공동하여 위자료 5천만 원을 청구하는 소송을 제기합니다. 위자료 청구소송 전에 영희와 철수는 이혼합니다.

아내 영희의 입장

어느 날부터 남편은 휴대전화를 잠금 설정하기 시작하였고, 평소 잘 웃지 않던 사람이 휴대전화를 보고 웃는 일이 많아졌으며 누군가와 대화를 주고받는다는 느낌이 강하게 들었습니다. 휴대전화에서 영상을 틀어 놓은 채로 잠이 든 남편을 대신해 이를 끄려고 보니 순희에게서 온 카톡 메시지를 보게 됩니다. 순희는 남편에게 '자기'라고 보낸 메시지였고, 대화 내용을 통해 부정행위를 알게 됩니다. 남편을 깨워 추궁하니 부정행위를 자백합니다.

상간자 순희의 입장

철수네 부부가 이혼하기로 합의한 이후 별거 중에 만났으니 부정행위가 아니라고 주장합니다.

법원의 판단

판결에서 철수와 순희는 **공동하여 위자료 1천만 원**을 지급하라고 합니다. 철수는 순희가 일하던 주점에 손님으로 가게 되면서 알게 되었고, 친하게 지냅니다. 철수는 영희와 협의이혼하고 나서 순희와 혼인합니다. 순희와 철수 사이에 아이를 출산합니다. 순희는 부정행위와 혼인 관계 파탄 사이에 인과관계가 없다는 취지로 주장합니다. 협의이혼이 이루어진 날까지 이혼에 대해 논의하였던 사실은 인정되나, 이혼에 대해 논의가 이루어진 결정적인 계기는 철수와 순희의 관계에 대하여 알게 된 것 때문인 것으로 보이기에 순희의 주장은 받아들이지 않습니다. 철수는 협의이혼을 할 때 위자료 및 재산분할에 관한 협의를 하였으므로, 더 이상 영희에 대한 손해배상책임을 지지 않는다고 주장하나, 철수와 영희의 합의서에는 이혼에 대한 위자료 명목의 합의금을 지급받기로 하였다거나, 영희가 철수와 순희에 대한 손해배상청구권을 포기 또는 책임을 면제하여 주기로 하였다는 점을 인정하기 어렵다고 합니다.

남편에게 걸려 온 상간녀의 전화

부부(영희♡철수)는 결혼 40년 차에 3명의 자녀를 두고 있습니다. 아내 영희(63)는 남편 철수(65)와 부정행위를 저지른 상간자 순희를 상대로 위자료 3,010만 원을 청구하는 소송을 제기합니다.

아내 영희의 입장

13년 전부터 남편은 부정행위를 의심할 만한 행동을 보였습니다. 늦은 밤 전화 통화가 잦아지고 눈치를 보기 시작했습니다. 휴대전화 저장 공간이 부족하다는 핑계로 자신의 휴대전화에서 통화 및 문자메시지 기록을 수시로 삭제하여 기록을 남기지 않았습니다. 남편의 통화 내역을 조회하여 추궁하자, 순희와 부정한 관계가 아니라며 순희의 집 앞까지 같이 가서 확인시켜 주기도 했고, 남편의 당당한 태도를 보고 믿고 넘어가 준 것입니다. 하지만 남편에게 걸려 온 순희의 전화를 대신 받으면서 부정행위가 발각됩니다. 남편은 순희와 부정행위를 한 사실을 인정하는 각서를 작성합니다.

상간자 순희의 입장

철수와 연락을 하며 지낸 사실은 있으나, 처음부터 불순한 의도로 만난 것은 아닙니다. 철수의 잦은 연락에 마음이 불편하여 연락을 끊고 이리저리 피해 다녀 보기도 했습니다. 하지만 사람 마음이 그렇게 모질지 못해 결국 철수의 연락을 매정하게 끊어 내지 못하였습니다. 철수와의 관계에 다소 억울한 부분이 있었으나, 영희의 가정이 자신으로 인해 파탄되는 것을 원치 않아 속죄하는 마음으로 스스로 영희의 집으로 찾아가 사죄하였습니다. 영희와 영희의 자녀는 다그치듯 질문을 하였고 기왕 속죄하려고 찾아간 자리에서 굳이 긴말이 필요 없다고 생각하고 일부 사실에 대해서는 인정해 주었습니다. 자신이 반성하는 모습을 보이면 영희가 마음을 풀고 용서할 줄로만 알았는데 지금에 와서 보니 증거를 수집하기 위함이었던 것입니다.

법원의 판단

재판 중에 화해권고결정이 나왔고, 순희는 영희에게 **위자료 2천만 원**을 지급하라고 합니다. 영희와 순희는 화해권고결정을 받아들이면서 소송은 확정됩니다.

사례 92　부정행위 증거가 부족하다는 상간남

부부(철수♡영희)는 결혼 3년 차에 2명의 미성년 자녀를 두고 있습니다. 남편 철수(38)는 아내 영희(32)와 부정행위를 저지른 상간자 영철(38, 미혼)을 상대로 위자료 3천만 원을 청구하는 소송을 제기합니다. 재판 중에 철수는 위자료를 3,100만 원으로 증액합니다. 상간자 소송 중에 부부는 이혼합니다.

남편 철수의 입장

철수는 같은 건물에 사는 A로부터 아내와 영철의 부정행위에 대해 듣게 됩니다. 철수와 영철, A는 친구입니다. 아내와 부부 싸움을 한 날 아내는 가출했는데 영철의 집에 갔다는 것을 A로부터 듣게 됩니다. A가 영철의 집에 놀러 갔다가 문 앞에서 신음 소리를 들었다고 합니다.

상간자 영철의 입장

영희와는 부정한 관계가 아닙니다. 부정한 관계를 떠나 영희를 마주할 일도 없습니다. 철수가 제시하고 있는 증거는 주관적인 증거일 뿐 자신과 영희의 부정한 관계라는 것을 증명하기에는 증명력이 부족하고, 철수는 이미 파탄 난 결혼 생활에 위자료를 받기 위한 수단으로 이용할 뿐이라고 주장합니다.

법원의 판단

재판 중에 화해권고결정이 나왔고, 영철은 철수에게 위자료 1,800만 원을 지급하라고 합니다. 영철은 화해권고결정에 불복하여 이의신청을 합니다. 판결에서 영철은 철수에게 **위자료 1,300만 원**을 지급하라고 합니다. 재판에서 영철은 철수에게 '너하고 너희 누나한테는 미안하다, 어쩌다 보니 이런 선택을 하게 되긴 했는데 나도 정말 고민 많이 하고 결정했다, 물론 깔끔한 만남이 아니긴 하지만…'라고 메시지를 보낸 사실이 밝혀집니다. 철수와 영희의 혼인은 영철과 영희의 관계를 직접 원인으로 하여 파탄되었다고 판단합니다.

⚖️ **최한겨레 변호사 Tip**

A가 영철의 집에서 성관계 소리를 들었다는 사실확인서는 말도 안 된다고 반박해서 인정되지 않았으나 영철의 집에 영희가 거주한 사실은 인정됩니다. 재판에서 철수와 영희가 수차례 협의이혼 신청을 하였다가 취하하는 등 두 사람 사이가 오랫동안 원만하지 아니하였던 것으로 보여서 영철과 영희의 관계가 혼인 관계 파탄의 유일한 요소라고 보기는 어렵다고 합니다.

　부부(영희♡철수)는 결혼 30년 차에 2명의 자녀를 두고 있습니다. 아내 영희(53)는 부정행위를 저지른 남편 철수(55)에게 이혼을, 철수와 부정행위를 저지른 상간자 순희를 상대로 위자료 3천만 원을 청구하는 소송을 제기합니다. 재판 중에 남편에게 위자료 3천만 원을 청구하면서 그중 2천만 원은 철수와 순희가 공동하여 지급하라고 변경합니다.

아내 영희의 입장

　최근에 남편이 여자를 만나는 것을 알게 되었고, 더구나 남편과 바람을 피운 상대방이 동창생이라는 사실을 알게 됩니다. 남편은 부부 관계 회복을 위한 노력이 전혀 없습니다. 남편과의 갈등을 순희에게만 전가시키고 싶지 않습니다.

남편 철수의 입장

　부정행위를 한 적이 없고 아내와 관계 개선을 위하여 노력했다고 주장합니다.

상간자 순희의 입장

　철수와 부정행위를 하지 않았습니다. 철수의 고민을 상담하는 친구 관계였습니다. 영희와 철수는 정신적, 육체적 유대 없이 부부 공동생활을 하지 않고 있기에 위자료 지급 책임이 없습니다.

법원의 판단

판결에서 철수와 영희는 **이혼**하고, 철수는 영희에게 위자료 2천만 원을 지급하고, 그중 **1천만 원은 철수와 순희가 공동하여** 부담하라고 합니다. 철수와 영희 사이에 치매를 앓고 있는 시어머니를 요양원에 입원시키는 문제로 인하여 갈등이 있었고, 주말부부 생활, 대화 시간의 부재 등으로 관계가 소원해집니다. 영희는 지인으로부터 '남편이 어떤 여자와 모텔에 들어갔다가 나오는 것을 보았다'는 얘기를 듣게 되었고, 철수와 순희가 카페에서 마주 앉아 대화를 나누고 있는 동영상을 휴대전화로 전송받아 보게 됩니다. 영희는 철수에게 부정행위에 관하여 추궁하면서 사과를 하지 않는 태도를 지적하자, 철수는 부정행위를 적극적으로 부정하지 않은 채 '당연히 할 말이 없으니까 말을 못 하지'라고 대답합니다. 철수와 영희의 갈등과 내용 및 그 정도, 영희가 이혼을 원하고 있는 점, 철수는 혼인 관계의 유지를 원하고 있으나 영희에게 자신의 잘못에 대한 용서를 구하는 등 혼인 관계를 유지하기 위한 노력이 엿보이지 않는 점 등 여러 사정을 종합하여 보면, 혼인 관계는 더 이상 회복할 수 없을 정도로 파탄되었고, 혼인 파탄의 주된 책임은 철수에게 있다고 합니다. 영희와 순희는 1심 판결에 불복하여 항소했다가 취하하면서 1심 판결이 확정됩니다.

상간녀의 조롱

부부(영희♡철수)는 결혼 8년 차에 2명의 미성년 자녀를 두고 있습니다. 아내 영희(38)는 남편 철수(38)와 부정행위를 저지른 상간자 순희(46)를 상대로 위자료 3,100만 원을 청구하는 소송을 제기합니다.

아내 영희의 입장

어느 날부터 남편은 휴대전화를 몸에서 떼지 않으며, 가족들과 눈도 마주치지 않고 요건만 짧게 이야기하는 등 가정에 점점 소홀해졌습니다. 남편의 휴대전화에서 순희와 주고받은 메시지를 통해 부정행위 사실을 알게 됩니다. 남편은 순희를 모바일게임을 통하여 알게 되어 만났지만 깊은 관계가 아니라고 말하며, 용서를 구합니다. 남편은 순희에게 전화를 걸어 부정행위가 발각되었으니 아내에게 사과해 달라는 말을 합니다. 순희는 영희를 조롱하는 문자메시지를 보냅니다. '증거를 모아 소송할 준비가 되었으니 언제든지 들어오라'

상간자 순희의 입장

자신의 행위로 인하여 고통을 입었을 영희에게 진심으로 속죄하는 마음을 갖고 있습니다. 철수의 거짓말로 만남이 시작되었고, 거짓말에 속아 피고는 이혼을 했고, 철수의 가정이 파탄이 난 상태라고 굳게 믿었습니다. 철수가 거짓말을 하지 않았다면 철수를 만나지 않았을 것입니다.

법원의 판단

1심 판결에서 순희는 영희에게 **위자료 2,500만 원**을 지급하라고 합니다. 재판에서 철수와 순희는 6개월 동안 서로 연락을 주고받고 여행을 다녀오거나 만나서 성관계를 하는 등 교제한 사실이 밝혀집니다. 순희는 철수가 자신에게 영희와의 혼인 관계가 파탄에 이르렀다는 취지로 말하여 이를 믿었다고 주장하나, 순희가 제출한 증거들만으로는 이를 인정하기에 부족하다고 합니다. 순희는 1심 판결에 불복하여 항소하지만, 항소심 판결에서 **순희의 항소를 기각**합니다. 상간자 소송 진행 중에 순희는 철수를 상대로 위자료 5천만 원을 청구하는 소송을 제기하였지만 **패소**합니다. 철수가 순희와 혼인할 의사가 없음에도 혼인할 것처럼 순희를 '기망'하였다는 사실을 인정하기 부족하고, 성적자기결정권을 침해하였다고 주장하나, 개인의 성적자기결정권도 국가적 · 사회적 · 공공복리 등의 존중에 의한 내재적 한계가 있는 것이며, 따라서 절대적으로 보장되는 것은 아닐 뿐 아니라 헌법 제37조 제2항이 명시하고 있듯이 질서유지(사회적 안녕질서), 공공복리(국민 공동의 행복과 이익) 등 공동체 목적을 위하여 그 제한이 불가피한 경우에 성적자기결정권의 본질적 내용을 침해하지 않는 한도에서 법률로써 제한할 수 있습니다. 법률상 배우자가 있는 자가 배우자 아닌 제3자와 성관계를 맺는 것은 선량한 성도덕이나, 일부일처주의의 혼인 관계에 반할 뿐만 아니라 혼인으로 인하여 배우자에게 지고 있는 성적 성실의무를 위반하는 것이 되어 혼인의 순결을 해치게 되는 것이라 할 수 있습니다.

이 사건에서 철수와 순희는 서로 배우자가 있는 사람이라는 점을 알면서 교제를 시작하였는바, 부정행위 중 상대방의 관계를 유지하기 위하여 혼인 관계를 정리한 후 상대방과 결혼하겠다고 이야기하는 경우가 흔히 있을 수 있을 것이고, 철수의 내심의 의사가 진정으로 순희와 결혼을 하려는 것이 었는지를 분명히 알기는 어려우나, 철수가 순희와 결혼을 약속하고 순희가 임신을 할 것을 종용하였다고 하더라도 이러한 행위는 선량한 풍속 기타 사회질서에 반하는 행위로서 허용될 수 없습니다.

나아가 순희와 철수가 만나게 된 경위, 만난 기간이 짧은 점, 철수와 순희의 나이 등 여러 사정을 종합하여 보면 철수가 순희의 성적자기결정권을 침해하는 불법행위를 하였다고 보기도 어렵고 더욱이 그 후 철수가 순희와의 관계를 정리하고 영희와의 혼인 관계를 유지하기로 하였다고 하더라도 이러한 행위를 불법행위라고 할 수 없습니다. 순희는 1심 판결에 불복하여 항소하지만, **순희**의 **항소를 기각**합니다.

소멸시효

 부부(철수♡영희)는 결혼 10년 차에 2명의 미성년 자녀를 두고 있습니다. 남편 철수(44)는 아내 영희(38)와 부정행위를 저지른 상간자 영철(기혼)을 상대로 위자료 5천만 원을 청구하는 소송을 제기합니다.

남편 철수의 입장

 아내는 친구의 남편인 영철을 알게 됩니다. 영철은 아내에게 사귀자고 하였고, 단순한 농담으로 치부하고 대수롭지 않게 생각했지만 지속적으로 카카오톡 메시지를 보냈고, 식당을 예약했으니 함께 가자고 하는 등 끊임없이 만남을 요구합니다. 아내로 하여금 동정심을 유발하여 측은한 마음을 들게 하였고, 영철에게 마음을 열면서 부정행위를 저지릅니다. 이 모든 사실을 알게 되었고, 철수와 영희는 이혼하게 됩니다.

상간자 영철의 입장

 철수가 영희의 부정행위를 알게 된 날로부터 3년의 소멸시효가 지났으니 위자료를 지급할 의무가 없다고 주장합니다.

법원의 판단

 판결에서 영희와 영철은 **공동하여 철수에게 위자료 1,500만 원**을 지급하라고 합니다. 철수의 영철에 대한 이 사건 손해배상청구는 영철의 부정행위라는 불법행위 자체를 원인으로 하는 손해배상청구가 아니라, 철수와 영희 사이의 혼인 관계가 파탄에 이르게 된 것이 영철의 부정행위로 인한 것임을 전제로 한 손해배상청구인데, 이 경우 손해는 이혼이 성립되어야 비로소 평가할 수 있으므로 이혼의 성부가 아직 확정되지 아니한 동안에는 그 손해를 알 수 없고 이혼이 성립되었을 때 비로소 손해의 발생을 확실히 알게 된다고 봄이 상당하므로, 부정행위를 원인으로 하는 손해배상청구권의 소멸시효의 기산점은 혼인이 해소된 때로부터 비로소 진행된다고 할 수 있습니다. (대법원 2015. 6. 24. 선고 2013므3963(본소), 2013므3970(반소) 판결)

철수가 영철에 대한 손해배상청구권의 소멸시효가 완성되었다고 볼 수 없기에 철수의 소멸시효 항변을 받아들이지 않는다고 합니다.

부부(철수♡영희)는 결혼 4년 차입니다. 남편 철수(34)는 아내 영희(32)와 부정행위를 저지른 상간자 영철(34, 미혼)을 상대로 위자료 2천만 원을 청구하는 소송을 제기합니다.

남편 철수의 입장

아내와 영철은 직장 동료로 자주 만나며 상당히 친하게 지낸다는 것은 알고 있었지만, 불륜을 저지르는 등의 공동불법행위를 하는 것은 몰랐다가 차량 입·출차 기록을 우연히 보는 과정에서 부정행위를 알게 됩니다. 아내가 거짓말을 한 것이 이상하게 생각되어 집 안을 살펴보니 외부인이 다녀간 흔적을 발견하였고, 아내를 추궁하니 영철이 집에 왔었다고 자백하면서도 부정한 관계는 없었다고 주장합니다. 영철을 불러 부적절한 관계에 대해 잘못을 시인받고, 두 사람을 용서하는 자리를 갖게 됩니다. 하지만 아내와 영철의 부정행위는 계속됩니다.

상간자 영철의 입장

이 사건으로 마음의 고통을 입었을 철수에게 진심으로 죄송한 마음을 가지고 있습니다. 영희와 만난 기간이 다소 짧은 점, 철수 부부의 부부 생활은 실질적으로 파탄이 났다고 볼 수 있는 점을 위자료 산정에 고려해 달라고 합니다.

법원의 판단

재판 중에 화해권고결정이 나옵니다. 「영철은 철수에게 위자료 300만 원을 지급하고, 영철은 영희를 근무 장소 이외의 장소에서 사적인 목적으로 만나는 행위(1분 이상 5미터 이내 거리를 두고 있는 것을 말한다)를 하지 않는다, 영철이 의무를 위반할 경우) 위반행위 1회마다 100만 원의 간접강제금을 철수에게 지급한다.」

철수는 화해권고결정에 불복하여 이의신청을 합니다. 판결에서 영철은 철수에게 **위자료 1,800만 원**을 지급하라고 합니다. 영철은 철수와 혼인한 상태에 있는 영희와 영철의 집에서 부정행위를 한 사실은 인정합니다. 하지만 철수는 그 외에 다른 날에도 부정행위가 있었다고 주장하나 영희가 영철의 거주지에 드나들었다는 점에 대한 증명이 없이 단지 외박을 하였다는 사정만으로는 부정행위가 있었다고 추단하기 어렵다고 합니다.

부부(철수♡영희)는 결혼 10년 차에 3명의 미성년 자녀를 두고 있습니다. 남편 철수(38)는 부정행위를 저지른 아내 영희(35)와 이혼을, 아내와 부정행위를 저지른 상간자 영철(31, 미혼)을 상대로 아내와 공동하여 위자료 3천만 원을 청구하는 소송을 제기합니다.

남편 철수의 입장

아내는 세 자녀를 양육하여야 하는데도 새벽에 술에 취하여 들어오면서 부부 싸움이 잦아졌고 별거를 하기도 합니다. 아내와 영철이 주고받은 카카오톡 메시지를 보게 되면서 부정행위 사실을 알게 됩니다. 아내와 영철은 부정행위를 인정하는 각서를 작성하기도 합니다.

아내 영희의 입장

남편을 상대로 이혼과 위자료 5천만 원을 청구하는 반소를 합니다. 이유는 남편의 가정폭력입니다. 가정폭력으로 센터에 피신한 적도 있으며 경찰에 신고한 적도 있습니다. 남편은 폭행으로 벌금 70만 원을 선고받기도 합니다. 남편은 협의이혼을 제안하고 2차례 협의이혼을 접수하였으나, 남편이 기일에 참석하지 않아 무산된 적이 있습니다.

법원의 판단

변론에 앞서 조정을 했지만, 합의는 불성립됩니다. 조정을 갈음하는 결정을 통해 철수와 영희는 **이혼**하고, 영철은 철수에게 **위자료 1천만 원**을 지급하라고 합니다. 철수와 영희, 영철은 조정을 갈음하는 결정을 받아들이면서 소송은 확정됩니다.

산악회에서 만난 유부남

부부(영희♡철수)는 결혼 15년 차에 1명의 미성년 자녀를 두고 있습니다. 아내 영희(49)는 남편 철수(55)와 부정행위를 저지른 상간자 순희(55)를 상대로 위자료 5천만 원을 청구하는 소송을 제기합니다.

아내 영희의 입장

남편은 산악회를 조직하면서 회원들과 주말마다 술집에서 술을 마시고 외박하는 일이 벌어집니다. 자녀가 남편의 휴대전화에서 어떤 여성이 하트 이모티콘을 보낸 것을 보았다는 이야기를 듣게 됩니다. 남편을 의심하기 시작했고, 남편의 휴대전화에서 순희와 다정하게 찍은 사진을 발견합니다. 남편의 차량 블랙박스에는 순희가 차에서 내리는 모습이 촬영되기도 합니다. 순희는 남편이 카카오스토리에 게시한 내용과 똑같은 게시물을 올리기도 합니다. 남편의 SNS와 순희의 SNS를 비교해 보니 함께 여행을 간 것이 강하게 의심되기도 합니다.

상간자 순희의 입장

영희의 주장은 추측에 의한 억측이며, 부정행위를 입증하지 못합니다. 등산 모임에서 친하게 지낸 것은 사실이나 철수가 유부남이라는 사실을 전혀 알지 못했습니다.

법원의 판단

판결에서 순희는 영희에게 **위자료 2,500만 원**을 지급하라고 합니다. 재판에서 순희는 철수를 산악회에서 만나 유부남이라는 사실을 알면서도 친밀한 관계를 유지하면서 수시로 메시지를 주고받고, 함께 여행을 가서 숙박업소에서 성관계를 갖는 등 부정행위를 한 사실이 밝혀집니다.

부부(철수♡영희)는 결혼 12년 차에 2명의 미성년 자녀를 두고 있습니다. 남편 철수(42)는 아내 영희(42)와 부정행위를 저지른 상간자 영철을 상대로 위자료 3천만 원을 청구하는 소송을 제기합니다.

남편 철수의 입장

아내는 성격 차이로 인해 더는 함께 살 수 없다며 이혼을 요구하기 시작합니다. 이혼을 결심할 다른 사유가 있는 것은 아닐까 강한 의심을 하게 되었고, 아내의 퇴근 이후 행동을 유심히 관찰하게 됩니다. 그러던 중 아내가 직장 동료인 영철과 술을 자주 마시며 어울릴 뿐만 아니라 내연관계에 있다는 사실을 알게 되면서 큰 충격에 빠집니다. 아내와 영철은 퇴근 이후 밤 늦은 시간까지 영철의 집 인근에서 함께 술을 마시고, 술을 마시고 나와 영철이 아내의 허리에 손을 두르거나 서로 껴안고 키스하는 모습을 목격합니다. 영철을 찾아가 아내와의 관계를 추궁하였고, 내연관계를 갖게 된 지 4개월 정도 되었으며 아내와 연락하거나 만나지 않겠다며 죄송하다고 합니다. 가정법원에 협의이혼을 신청한 상태이며 이혼을 할 예정입니다.

상간자 영철의 입장

이 사건으로 마음의 고통을 입었을 철수에게 진심으로 속죄하는 마음입니다. 그러나 철수 가정의 파행은 철수의 부모에 대한 지나친 의존과 이로 인한 영희의 정신적 고통에 기인한 점, 자신의 도움으로 인해 생을 마감하려던 영희가 다시 웃으며 살 수 있게 된 점을 참작해 달라고 합니다.

법원의 판단

재판 중에 조정을 갈음하는 결정에서 영철은 철수에게 위자료 1,500만 원을 지급하라고 합니다. 하지만 철수와 영철은 조정을 갈음하는 결정에 불복하면서 이의신청을 합니다. 판결에서도 영철은 철수에게 **위자료 1,500만 원**을 지급하라고 합니다.

⚖️ 최한겨레 변호사 Tip

조정에서 철수는 위자료 2천만 원을 요구하였고, 영철은 1,300만 원을 지급할 의사가 있다고 하면서 양측은 조정에서 합의를 못 합니다. 조정이 안 되면 재판부는 조정을 갈음하는 결정에서 양측의 의견을 확인하고 적당한 금액을 제시하는데 조정을 갈음하는 결정에서 나온 위자료에 불복하여 이의를 하더라도 판결에서도 같은 위자료나 비슷한 금액이 나오는 경우가 많습니다.

부부(철수♡영희)는 결혼 13년 차에 2명의 미성년 자녀를 두고 있습니다. 남편 철수(39)는 아내 영희(40)와 부정행위를 저지른 상간자 영철(39)을 상대로 위자료 3천만 100원을 청구하는 소송을 제기합니다.

남편 철수의 입장

아내는 평상시 대중교통을 이용하여 출·퇴근하였으나, 어느 날 지각이 예상되어 철수의 차량을 이용하여 출근합니다. 블랙박스의 전원이 빠져 있고, SD카드도 제대로 결합이 되어 있지 않아 블랙박스 전원을 연결하려고 보니, 메모리카드 포맷 및 초기화 작업이 필요하다는 메시지가 뜹니다. 혹시 몰라 백업을 하기 위해 사무실에 SD카드를 컴퓨터로 옮기는 과정에서 아내가 어떤 남자와 같이 있는 모습이 발견됩니다. 아내가 누군가와 손을 잡고 나오는 모습, 서로를 안고 있는 모습, 키스를 하는 등의 스킨십을 하는 장면을 확인하게 됩니다. 아내를 추궁하였고, 아내는 부정행위 사실을 인정합니다. 아내에게 영철이 누군지 확인하였고, 영철도 부정행위를 인정합니다. 영철은 철수에게 '영희와 연락하다가 적발 시 500만 원, 만날 시 3천만 원을 지급하겠다'라는 각서를 작성하기도 합니다. 각서를 작성하고도 영철은 영희와 만나 술을 마시기도 합니다.

법원의 판단

영철이 의견을 밝히기 전에 조정을 갈음한 결정이 나옵니다. 조정을 갈음하는 결정에서 영철은 철수에게 위자료 2,500만 원을 지급하라고 합니다. 철수와 영철은 조정을 갈음하는 결정에 불복하여 이의신청을 합니다.

상간자 영철의 입장

경위가 어찌 되었든 철수에게 크나큰 상처를 주어 이를 깊이 반성하고 사과합니다. 부정행위 기간은 다소 단기간인 점, 철수와 영희의 혼인 관계가 유지되고 있는 점 등을 감안해 볼 때, 철수가 청구한 위자료는 과다하니 감액을 요청합니다.

법원의 판단

판결에서 영철은 철수에게 **위자료 2천만 원**(위약금 1,500만 원+위자료 500만 원)을 지급하라고 합니다. 영철이 각서를 작성하면서 더는 영희와 만나지 않기로 하고, 이를 어기는 경우 철수에게 3천만 원을 지급하기로 약정한 사실, 그런데도 영철은 그 뒤로도 영희와 만난 사실이 인정되기에, 영철은 특별한 사정이 없는 한 위 약정에 따라 철수에게 3천만 원을 지급할 의무가 있습니다. 영철은 자신이 작성한 각서가 더는 영희를 만나지 않을 것이라는 결심을 밝힌 서류에 불과하고 어떠한 법적 효력을 가지는 것이 아니라고 주장하나, 위약금 액수가 명시되어 있는 점 등 각서의 문언 내용이나 작성 경위에 비추어 보면, 약정은 단순한 선언이나 도덕적으로 작성한 것이 아니라 구속력을 지닌 약정이라고 봄이 타당하다고 합니다.

다만, 약정은 손해배상액의 예정으로 추정되고, 손해배상의 예정액이 부당히 과다한 경우에는 법원은 민법 제398조에 의하여 이를 적당히 감액할 수 있는바(철수는 약정이 위약벌의 성질을 지닌다고 주장하나, 위약금은 민법 제398조 제4항에 의하여 손해배상액의 예정으로 추정되므로 위약금이 위약벌로 해석되기 위해서는 특별한 사정이 주장, 증명되어야 하는데 (대법원 2000. 12. 8. 선고 2000다35771 판결) 그러한 특별한 사정을 인정할 만한 증거가 없습니다.), 철수가 위반한 행위의 내용, 철수와 영희가 만난 횟수, 각서 작성 전후의 제반 사정 등을 종합하여 보면, 위약금 3천만 원은 부당히 과다하므로 1,500만 원으로 감액함이 타당하다고 합니다. 철수와 영희의 혼인 기간, 부정행위의 시기와 정도, 약정에 따른 위약금으로 정신적 고통에 대한 위자가 어느 정도 이루어졌다고 볼 수 있는 점을 고려하여 위자료 액수는 500만 원으로 정한다고 합니다.

상간자 소송 관련 법리

1. 대법원 2014. 11. 20. 선고 2011므2997 전원합의체 판결, 대법원 2015. 5. 29. 선고 2013므2441 판결

   제3자가 부부의 일방과 부정행위를 함으로써 혼인의 본질에 해당하는 부부 공동생활을 침해하거나 그 유지를 방해하고 그에 대한 배우자로서의 권리를 침해하여 배우자에게 정신적 고통을 가하는 행위는 원칙적으로 불법행위를 구성한다.

2. 대법원 1987. 5. 26. 선고 87므5, 87므6 판결

   부부는 부정행위를 하지 아니하여야 하는 성실의무를 부담하고, 이때 부정행위라 함은 성관계에까지는 이르지 아니하더라도 부부의 정조의무에 충실하지 않는 일체의 부정한 행위가 이에 포함되며, 부부의 일방이 부정행위를 한 경우에 부부의 일방은 그로 인하여 배우자가 입은 정신적 고통에 대하여 불법행위에 의한 손해배상 의무를 진다.

3. 대법원 2013. 11. 28. 선고 2010므4095 판결

   민법 제840조 제1호 소정의 배우자의 부정한 행위라 함은 간통에 포함하여 보다 넓은 개념으로서 간통에까지는 이르지 아니하나 부부의 정조의무에 충실하지 않는 일체의 부정한 행위가 이에 포함되고, 부정한 행위인지 여부는 각 구체적 사안에 따라 그 정도의 상황을 참작하여야 한다.

4. 대법원 2018. 11. 15. 선고 2016다244491 판결

불법행위로 입은 정신적 피해에 대한 위자료 액수에 관하여는 사실심 법원이 여러 사정을 참작하여 그 전권에 속하는 재량에 따라 확정할 수 있다.

5. 대법원 2022. 6. 26. 선고 2017다289538 판결

불법행위에서 위법행위 시점과 손해 발생일 시점 사이에 시간적 간격이 있는 경우 불법행위로 인한 손해배상청구권의 지연손해금은 손해 발생 시점을 기산일로 하여 발생한다.

금지된 사랑

불륜에 대한 법원의 태도

ⓒ 최한거레, 2024

초판 1쇄 발행 2024년 2월 1일

지은이   최한거레
펴낸이   최한거레
편집   좋은땅 편집팀
펴낸곳   승소
전화   02-6925-3480
팩스   02-6925-3482
이메일   victorybook@naver.com
홈페이지 https://www.victorybook.co.kr

ISBN   979-11-986259-0-8 (03360)